CHEMIN DE FER

du Nord.

TARIFS SPÉCIAUX

POUR LES TRANSPORTS

à

PETITE VITESSE

22 NOVEMBRE 1875.

Vu :
Paris, le 20 novembre 1875.
L'Inspecteur général des Mines, chargé du Contrôle,
Signé : MEISSONNIER.

LILLE,
IMPRIMERIE L. DANEL.
1875

TARIFS SPÉCIAUX

A PETITE VITESSE.

CHEMIN DE FER

du Nord.

TARIFS SPÉCIAUX

POUR LES TRANSPORTS

à

PETITE VITESSE.

---

22 NOVEMBRE 1875.

TABLE DES MATIÈRES.

PETITE VITESSE.

NOMENCLATURE

PAR ORDRE ALPHABÉTIQUE

DES MARCHANDISES DÉNOMMÉES DANS LES TARIFS SPECIAUX.

PETITE VITESSE.

NOMENCLATURE.	DÉSIGNATION des tarifs.
A	
Acide chlorhydrique, W C	Nº 31.
Acides minéraux	Nos 37 et 38
Acide muriatique, W C	Nº 31.
Acide nitrique, W C	Nº 31.
Acide oléique en fûts, W C	Nº 27.
Acides oléiques et autres	Nos 37 et 38.
Acide sulfurique, W C	Nº 31.
Acier à ressorts pour voitures	Nº 4.
Acier brut	Nº 4.
Acier brut en planches et en barres	Nº 38.
Acier en barres et en bottes	Nº 4.
Acier non recouvert pour crinolines	Nº 38.
Agraffes métalliques	Nº 37.
Aiguilles à coudre	Nº 38.
Albâtre brut	Nº 2.
Albumine	Nos 37 et 38.
Alcali volatil, W C	Nos 31, 37 et 38
Alcool en fûts (Trois-six)	Nº 3.
Alizari, W C	Nº 18.
Allumettes chimiques	Nos 31 et 37.
Allumettes landaises	Nº 25.
Alquifoux, W C	Nº 18.
Aluns	Nos 18, 31, 37 et 38
Amidon	Nos 1, 37 et 38
Ammoniaque liquide, W C	Nº 31.
Ancres de marine	Nº 4.
Anes, W C	Nº 5.
Animaux envoyés aux concours agricoles et aux expositions.	Nº 11.
Anis	Nos 37 et 38
Antimoine, W C	Nos 37 et 38.
Arachides (graine d')	Nº 1.
Arbres en fer	Nº 4.
Arbres et arbustes	Nos 37 et 38.
Arbres et arbustes vivants	Nº 40.
Ardoises, W C	Nº 29.
Argile, W C	Nos 12 et 18.
Armes de guerre	Nos 37 et 38.
Arsenic, W C	Nº 38.
Articles de Paris	Nº 37.
Asphalte	Nos 18, 37 et 38
Avoine, W C	Nº 1.
B	
Balais de Bordeaux, de bouleau, de bruyère, de cameline, de jonc et de paille, W C	Nº 40.
Baleine brute	Nos 37 et 38.
Bandages de roues	Nos 4 et 38.
Barreaux de grille en fer ou en fonte	Nº 4.
Baryte, W C	Nos 18 et 37
Betterave (graine de), W C	Nº 1.
Betteraves, W C	Nº 18.
Beurre	Nº 37.
Bière en fûts, W C	Nos 26 et 38.
Bimbeloterie	Nos 37 et 38.
Biscuits	Nº 38.
Biscuits de mer	Nº 30.
Bitumes liquides en fûts, W C	Nº 27.
Bitume solide	Nos 18, 37 et 38
Blanc d'Espagne, W C	Nº 18.
Blanc de Meudon, W C	Nº 18.
Blanc de Troyes, W C	Nº 18.
Blanc de zinc, W C	Nº 18.
Blé, W C	Nº 1.
Bœufs, W C	Nº 5.
Boghead liquide en fûts, W C	Nº 27.
Bois à brûler (dits de corde), W C	Nº 9.
Bois au départ de Saint-Valery pour Amiens W C	Nº 21.
Bois de campêche	Nos 18 et 31.
Bois de charpente équarris, W C	Nº 9.
Bois de charronnage préparés, W C	Nº 37.
Bois destinés aux houillères	Nº 9.
Bois de fusil équarris	Nº 37.
Bois de fustet, W C	Nos 18 et 31.
Bois en grume, W C	Nº 37.
Bois de placage	Nº 37.
Bois préparés pour meubles	Nº 37.
Bois de teinture en bûches	Nos 18 et 31
Bois de teinture effilé ou moulu, W C	Nº 31.
Bois équarris ou en planches, W C	Nº 38.
Bois exotiques en billes ou en bûches	Nos 37 et 38.
Bois-feuillard pour cercles et treillages, W C	Nº 9.
Bois indigènes en billes ou en bûches	Nº 38.
Boissellerie	Nos 37, 38 et 40
Boissons en caisses ou en paniers	Nº 37.
Boissons non dénommées	Nº 38.
Boîtes à graisse en fonte	Nº 4.
Boîtes de roues	Nº 4.
Boîtes de tampons pour wagons	Nº 4.
Bombes	Nº 4.
Bonneterie	Nos 37 et 38.
Borax brut	Nº 38.
Boues, W C	Nº 34.
Bougies	Nos 37 et 38.
Boulets	Nº 4.
Boulons emballés	Nº 4.
Bourre de coton, W C	Nº 40.
Bourre de poils d'animaux	Nos 37 et 38.
Bourre de soie	Nos 37 et 38.
Bourrées, W C	Nº 9.
Bouteilles vides, W C	Nº 8.
Boutons en cornes, en faïence et en os	Nos 37 et 38.
Boyaux en fûts	Nº 37.
Brai, W C	Nos 18, 31 et 38
Briques	Nº 12.
Briques réfractaires	Nº 30.
Bronze ouvré	Nº 37.
Brosserie	Nos 37 et 38.
Bruyère, W C	Nº 40.
C	
Câbles en fer	Nº 4.
Cacao	Nº 38.
Cachou brut	Nº 38.
Cadres en retour	Nº 19.
Café	Nº 38.
Cailloux, W C	Nº 12.
Calcaire broyé, W C	Nº 12.
Caisses démontées en retour	Nº 19.
Caisses métalliques	Nº 19.
Caisses vides en retour	Nº 19.
Calicot blanchi	Nos 37, 38 et 39
Calicot écru	Nos 37, 38 et 39

NOMENCLATURE.	DÉSIGNATION des tarifs.
Cameline (graine de), WC	N° 1.
Camionnage	N° 16.
Camphre brut	N° 38.
Candélabres en fonte unis	N° 4.
Caoutchouc brut	N° 38.
Caoutchouc ouvré	Nos 37 et 38.
Caractères d'imprimerie	Nos 37 et 38.
Carbonates, W C	N° 31.
Carbonate de baryte	Nos 4 et 18.
Cardes	Nos 37 et 38.
Carmin d'indigo	N° 30.
Carottes, W C	N° 1.
Carreaux de meules	N° 18.
Carreaux en ciment, en marbre, en pierre ou en terre cuite, W C	N° 2.
Carreaux en faïence, en caisses, cadres ou harasses, ou en vrac	N° 30.
Carton brut en feuilles	N° 37.
Cartonnage	N° 37.
Castine, W C de 10,000 kil	N° 10.
Cendres, W C	N° 34.
Cendres de plomb	N° 4.
Cendres d'orfèvre, W C	N° 38.
Cendres pour engrais, W C	N° 34.
Cercles en bois, W C	N° 40.
Chaînes-câbles de marine, en vrac, sans responsabilité	N° 4.
Chaînes en fer en barils	N° 4.
Chanvre (Graine de), W C	N° 1.
Chanvre brut, W C (de Thourotte à La Chapelle)	N° 35.
Chanvre brut en balles pressées	Nos 37 et 38.
Chanvre en balles pressées	N° 35.
Chanvres en tiges, W C	N° 28.
Chapeaux de paille et de latanier	Nos 37 et 38.
Chapellerie pour hommes	N° 37.
Charbon de bois en sacs, par W C de 4000 kil	N° 25.
Chardons, W C	N° 40.
Charpentes en fer	N° 4.
Châtaignes et marrons	N° 37.
Chaudières en fonte	N° 4.
Chaudières de locomotives	N° 17.
Chaussures	Nos 37 et 40.
Chaux	N° 30.
Chaux en barils et en sacs, WC	N° 18.
Chenets en fonte	N° 4.
Chevaux, W C	N° 5.
Chevillettes en barils	N° 4.
Chèvres, W C	N° 5.
Chevrons, W C	N° 9.
Chiendent	Nos 37 et 38.
Chiffons	Nos 37, 38 et 40
Chiffons triturés, W C	N° 40.
Chiques	N° 37.
Chlorures de chaux en barils	N° 18.
Chlorure de chaux, W C	N° 31.
Chlorure liquide, W C	N° 31.
Chocolat	N° 37.
Chromate de potasse, W C	N° 31.
Ciments en barils ou en sacs	Nos 18 et 30.
Cirage	N° 37.
Cire brute	Nos 37 et 38.
Cirques	N° 30.
Citrons	Nos 30 et 38.
Clappes, W C	N° 9.
Clefs ébauchées	Nos 4 et 38.
Cloches en verre pour jardins, W C	N° 8.
Clous en fer en barils	N° 4.
Clous en fer en paquets, W C	N° 4.
Clouterie	Nos 37 et 38.
Cochenille	N° 38.
Coffres-forts	Nos 37 et 38.
Coins en bois, W C	N° 9.
Coins en fer	N° 4.
Coke, par W C de 10,000 k	N° 11.
Coke de gaz, W C	N° 12.
Colle forte	Nos 37 et 38.
Colonnes en fonte, sans ornement, sans responsabilité	N° 4.
Colza (Graine de), W C	N° 1.
Compteurs à gaz	N° 37.
Confiserie	N° 37.
Conserves à l'huile et au vinaigre	Nos 37 et 38.
Contre-poids en fonte	N° 4.
Coprolithes, W C	N° 34.
Coques de cacao, W C	N° 37.
Coquillages secs	N° 38.
Corail brut	Nos 37 et 38.
Cordages vieux pour papier	N° 38.
Cornes brutes	Nos 37 et 38.
Cornières en fer	N° 4.
Cornues en fer ou en fonte	N° 4.
Corps de pompes en fonte	N° 4.
Corroierie	Nos 37 et 38.
Cotons bruts	N° 13.
Coton (Graine de)	N° 1.
Coton brut en balles pressées	Nos 37 et 38.
Cotons filés écrus emballés	N° 39.
Couleurs en barils	Nos 37 et 38
Couleurs en caisses ou en paniers	Nos 37 et 38.
Couperose, W C	Nos 18 et 31.
Coussinets pour rails	N° 4.
Coutellerie	Nos 37 et 38.
Craie, W C	N° 18.
Craie brute pour sucreries	N° 34.
Crapaudines en fonte	N° 4.
Créosote	N° 38.
Creusets	N° 40.
Creusets en plombagine	N° 38.
Crin brut ou végétal en balles pressées	Nos 37 et 38.
Cristal de roche brut	N° 37.
Cristaux de soude, W C	N° 31.
Cristaux	Nos 37 et 48.
Cruchons vides, W C	N° 38.
Cuirs bruts en poils	N° 38.
Cuirs en balles	Nos 37 et 38.
Cuirs en caisses	Nos 37 et 38.
Cuivre brut en plaques ou en saumons	Nos 4, 37 et 38
Cuivre en feuilles	N° 4.
Cuivre laminé ou en tuyaux	Nos 37 et 38.
Curcuma	Nos 31 et 38.
Cylindres en verre, sans responsabilité	N° 37.
D	
Dactyle (Graine de), W C	N° 1.
Daguerréotype (article de)	Nos 37 et 38.
Dalles en granit ou en pierre, W C	N° 2.
Dalles en verre brut, W C	N° 8.
Dames Jeannes, W C	N° 40.
Dari (graine de), W C	N° 1.
Débris de salaisons de poissons	N° 34.
Déchets de corne, W C	N° 18.
Déchets de coton	Nos 37, 38 et 40
Déchets de cuir	Nos 37 et 38.
Déchets de cuir et de tannerie pour engrais, W C	N° 18.
Déchets d'étoupes, W C	N° 37 et 40.
Déchets de laine, de fil de laine et de fil de coton, W C	N° 40.
Déchets de laine	Nos 37 et 38.
Déchets de lin, W C	N° 40.
Déchets d'os, W C	N° 18.
Déchets de papier ou de carton, W C	N° 40.
Déchets de peaux	N° 37.
Déchets de soie	Nos 37 et 38.
Dégras en fûts	Nos 27, 37 et 38
Délai d'enlèvement des sucres bruts à La Chapelle	N° 41
Denrées coloniales non dénommées	Nos 37 et 38.
Dents d'éléphants	Nos 37 et 38.
Dextrine, W C	N° 18.
Disse et autres plantes pour papiers, W C	N° [illegible].
Douane (opérations en)	N° 15.
Douelles, W C	N° 9.
Douves, W C	N° 9.
Drèches de distillerie	N° 34.
Drilles, W C	N° 40.
Droguerie	Nos 37 et 38.
Drogueries, W C	N° 31.
E	
Eau de javelle	N° 31.
Eaux ammoniacales	N° 31.
Eaux de désuintage, W C	N° 3[illegible].
Eaux d'épuration de gaz	N° 3[illegible].
Eaux-de-vie en caisses ou en paniers	N° 3[illegible]
Eaux minérales	Nos 37 et 38.
Écaille brute	Nos 37 et 38.
Écaille ouvrée	N° 37.
Échalas, W C	N° 9.
Éclisses pour rails	N° 4.

NOMENCLATURE.	DÉSIGNATION des tarifs.
Écorces à brûler, W C	N° 9.
Écorces à tan, W C	N° 40.
Écorces médicinales	N°s 37 et 38.
Écorces tinctoriales non dénommées	N°s 37 et 38.
Embranchements particuliers	N° 22.
Émeri brut, W C	N° 18.
Enclumes	N° 4.
Encre	N°s 37 et 38.
Engrais de mer, W C	N° 34.
Épingles	N°s 37 et 38.
Éponges en balles pressées	N°s 37 et 38.
Escarbilles, W C de 10,000 kil.	N° 12.
Escourgeon	N° 1.
Essence de térébenthine en fûts	N°s 37 et 38.
Essieux	N°s 37 et 38.
Essieux montés ou non montés	N° 4.
Estampes	N° 38.
Étain brut en plaques ou en saumons	N°s 4, 37 et 38
Étain en feuilles	N° 37.
Étain en saumons, W C	N° 18.
Étaux	N° 4.
Étoupes au départ de St Valery pour Amiens, W C	N° 21.
Étoupes, W C	N° 40.
Extraits tinctoriaux en fûts	N°s 37 et 38.
F	
Fagots, W C	N° 9.
Faïence	N°s 37,38 et 40
Faïence emballée	N° 30.
Faînes, W C	N° 1.
Farines, W C	N° 1.
Id. au départ de St-Valery pour Amiens, W C.	N° 21.
Fèces en fûts, W C	N° 27.
Fécules, W C	N° 1.
Fécules alimentaires non dénommées	N°s 37 et 38.
Fer blanc en caisses	N° 4.
Fer brut ébauché ou puddlé	N°s 4 et 38.
Fers à cheval ébauchés	N° 4.
Fer en barres	N° 4.
Fer feuillard	N° 4.
Fers en pièces forgées	N° 4.
Fer pour planchers	N° 4.
Ferraille	N° 4.
Fer riblon	N° 4.
Ferronnerie	N°s 37 et 38.
Ferronnerie, d'Hirson à Paris	N° 4.
Ferrures de wagon	N° 4.
Feuilles pour engrais, W C	N° 34.
Feuilles de latanier	N° 38.
Feutre bitumé	N°s 37 et 38.
Féveroles, W C	N° 1.
Fèves sèches, W C	N° 1
Figues sèches, W C	N° 30.
Fils de chanvre, de coton ou de lin blanchis ou teints pour coudre	N°s 37,38 et 39
Fils de chanvre, de coton ou de lin blanchis ou teints pour tissage	N°s 37,38 et 39
Fils de chanvre, de coton ou de lin non blanchis ni teints pour tissage	N°s 37 et 39.
Fils de chanvre, de coton ou de lin pour tissage	N° 38.
Fils de coton, de laine ou de lin	N° 30.
Fils de jute	N° 39.
Fils de jute, au départ de St.-Valery pour Amiens, W C	N° 21.
Fils de jute blanchis ou teints, pour tissage	N° 38.
Fils de jute non blanchis ni teints, pour tissage	N° 38
Fils de laine	N° 37.
Fils de poils de chèvre	N° 38.
Fil d'acier, de laiton et de cuivre	N°s 37 et 38.
Fil de fer	N°s 4, 37 et 38
Foin, W C	N° 28.
Fontes brutes en massiaux ou sapots	N°s 4 et 21.
Fonte d'ornement	N° 4.
Fonte d'ornement emballée	N° 37.
Fontes moulées (grosses non dénommées)	N° 4.
Fonte vieille cassée	N° 4.
Foudres démontés, W C	N° 9.
Fournitures de bureau	N°s 37 et 38.
Fourrages secs, W C	N° 28.
Frises en chêne ou en sapin pour parquets, W C	N° 9.
Friperie	N° 38.
Fromages secs	N°s 37 et 38.
Fromages secs de Dunkerque à Lille	N° 30.
Froment, W C	N° 1.
Fruits secs	N°s 37 et 38.
Fumier, W C	N° 34.
Fûts démontés, W C	N° 9.
Fûts vides	N° 19.
G	
Galène	N° 4.
Galle de Chine tinctoriale, W C	N° 34.
Ganterie	N° 37.
Garance, W C	N° 18.
Garancine, W C	N° 18.
Gargouilles	N° 4.
Gaudes, W C	N° 40.
Gazogènes	N° 37.
Gélatine en fûts	N°s 37 et 38.
Générateurs	N° 17.
Générateurs (vieux) à l'exclusion des retours de réparation	N° 4.
Génisses, W C	N° 5.
Glaces, sans responsabilité	N° 37.
Glace (eau congelée)	N° 30.
Glands, W C	N° 1.
Glucose, W C	N°s 18 et 37.
Glucose de maïs, W C	N° 33.
Glycérine en fûts	N°s 20,37 et 38
Gomme brute	N°s 37 et 38.
Goudron, W C	N°s 18, 34 et 38
Goudron liquide	N° 34.
Grains, W C	N° 1.
Graines, au départ de St-Valery pour Amiens, W C	N° 21.
Grains ou graines fourragères, W C	N°s 1, 37 et 38
Graines oléagineuses, W C	N°s 1, 37 et 38
Graines potagères	N°s 37 et 38.
Graines tinctoriales	N°s 37 et 38.
Graisse en fûts	N°s 37 et 38.
Gravier, W C	N° 12.
Groisil, W C	N° 18.
Groisil (verre cassé) W C	N° 30.
Guano, W C	N° 34.
H	
Halpha, W C	N° 40.
Harasses vides en retour	N° 19.
Harengs salés et saurs	N° 30.
Haricots, W C	N° 1.
Horlogerie	N° 37.
Horloges en bois	N°s 37 et 38.
Houille, W C de 10,000 kil.	N° 11.
Houille et coke de la gare de Rouen au quai, W C	N° 30.
Huiles de graines en fûts	N° 20.
Huile de goudron en fûts, W C.	N° 27.
Huile de houille en fûts	N°s 27 et 38.
Huile de naphte en fûts	N°s 27 et 38.
Huile d'olive en fûts	N° 37
Huile d'olive commune pour le graissage, en fûts	N° 20.
Huile de palme et de coco en fûts	N° 38.
Huile de pétrole en fûts	N°s 27 et 38
Huile de poisson en fûts	N° 38.
Huile de ricin en fûts	N° 38.
Huile de chiste en fûts, W C	N° 27.
Huile de suif en fûts	N°s 27, 37 et 38
I	
Indigo	N° 38.
Instruments aratoires	N°s 37 et 38.
Instruments de chirurgie, de physique, d'optique et de précision	N°s 37 et 38.
Instruments envoyés aux concours agricoles et aux expositions	N° 14
Issues, W C	N° 1.

NOMENCLATURE.	DÉSIGNATION des tarifs.
J	
Jalousies en fer	N° 38.
Jarosse (graine de), W C	N° 1.
Jeux de foires, W C	N° 30.
Joncs et rotins	N° 38.
Jute, au départ de St.-Valery pour Amiens, W C	N° 21.
Jutes en balles pressées	N° 35.
Jute brute en balles pressées	N° 38.
L	
Laine en poudre	N°s 37 et 38.
Laines brutes en toisons en vrac, W C	N° 40.
Laine en suint ou lavée	N°s 13, 37 et 38
Laines brutes, au départ de St.-Valery pour Amiens	N° 21.
Lait, W C	N° 6.
Lampes	N° 37.
Lattes, W C	N° 9.
Légumes	N° 37.
Légumes farineux, W C	N° 1.
Lentilles, W C	N° 1.
Librairie	N°s 37 et 38.
Lignite	N° 12.
Limes	N° 38.
Lin brut en balles pressées, W C	N° 38.
Lin (graine de) W C	N° 1.
Lins au départ de Saint-Valery pour Amiens, W C	N° 21.
Lins en balles pressées	N° 35.
Lins en tiges, W C	N° 28.
Liqueurs	N° 37.
Litharge	N°s 18, 37 et 38
Lits en fer	N° 37.
Locomotives	N°s 17 et 37.
Luciline en fûts	N°s 27 et 28.
Luciline en fûts, W C	N° 27.
Luzerne (graine de), W C	N° 1.
M	
Machines et mécaniques	N° 30.
Machines et mécaniques en caisses	N°s 37 et 38.
Machines non emballées	N° 38.
Madriers, W C	N° 9.
Maïs, W C	N° 1.
Malt, W C	N° 1.
Manganèse	N° 4.
Marbres, W C	N°s 2 et 37.

NOMENCLATURE.	DÉSIGNATION des tarifs.
Marchandises destinées à l'exportation de Paris, Laon et Rouen pour les ports de St.-Valery, Boulogne, Calais et Dunkerque	N° 37.
Marchandises de toutes natures venant de l'étranger et adressées à Paris (douane)	N° 30.
Marchandises de toutes natures arrivées à la gare intérieure de Paris et réexpédiées sur La Chapelle ou sur le chemin de fer de ceinture et les lignes en correspondance	N° 30.
Marchandises de la gare de Rouen au port de Rouen et VICE VERSA	N° 30.
Marchandises venant de l'étranger, adressées à Lille, rue de Tournai et réexpédiées à Fives ou à Lille (St.-Sauveur)	N° 30.
Marchandises diverses entre Lille et Valenciennes	N° 23.
Marne, W C	N° 34.
Marrons	N° 37.
Masses indivisibles	N° 17.
Massiaux	N° 4.
Matériel de fêtes, W C	N° 30.
Matériel d'usine ayant servi à l'exclusion des retours de réparation	N° 4.
Mâts	N° 9.
Mécaniques et machines	N° 30.
Mèches en coton	N°s 37 et 38.
Mélasse, W C	N° 18.
Ménageries	N° 30.
Mercerie	N°s 37 et 38.
Mercure	N° 38.
Merrains, W C	N° 9.
Meubles, W C	N° 30.
Meubles en caisses	N°s 37 et 38.
Meules à moudre	N° 37.
Millet (graine de), W C	N° 1.
Minerais de cuivre, de plomb et de zinc	N° 4.
Minerai de fer, W C	N° 10.
Minette (graine de), W C	N° 1.
Minium, W C	N° 18.
Mitraille de cuivre, de fer, de plomb, de fonte et de zinc	N° 4.
Modes	N° 37.
Moëllons, W C	N° 7.
Morue salée	N° 30.
Moutarde	N° 37.
Moutarde (graine de) W C	N° 1.
Moutons, W C	N° 5.
Moyeux en fonte	N° 4.
Mulets, W C	N° 5.
Muriates, W C	N° 31.

NOMENCLATURE.	DÉSIGNATION des tarifs.
N	
Nacre brute en sacs	N° 38.
Nacre ouvrée	N° 38.
Naphtaline, W C	N° 31.
Navets, W C	N° 1.
Navette (graine de), W C	N° 1.
Nickel et autres métaux communs	N° 37.
Nitrates, W C	N° 31.
Nitrate de soude brute pour engrais, W C	N° 34.
Noir animal, W C	N° 18.
Noir d'os, W C	N° 18.
Noir pour engrais, W C	N° 34.
Noix de cocos	N° 38.
Noix de corossos	N° 38.
Noix de Galle	N° 38.
Noix vertes ou sèches en sacs	N° 37.
O	
Objets de grande dimension	N° 17.
Ocre en tonneaux, W C	N° 18.
Œillette (graine de), W C	N° 1.
Œillets métalliques	N° 37.
Œufs	N° 37.
Oignons secs, W C	N°s 1 et 42.
Oléines en fûts, W C	N° 27.
Onglons de bétail	N° 38.
Oranges	N°s 30 et 38.
Orge, W C	N° 1.
Orge perlé	N° 38.
Orgues	N°s 37 et 38.
Orseille, WC	N° 31.
Orseille en balles pressées	N° 38.
Os bruts en sacs	N° 38.
Os bruts ou concassés	N° 18.
Os en poudre, W C	N° 34.
Osier, W C	N° 40.
Osier brut non écorcé et non fendu, W C	N° 40.
Outils	N°s 37 et 38.
Ouvrages en métal anglais	N° 38.
P	
Pailles, W C	N° 28.
Pamelle ou Paumelle, W C	N° 1
Paniers vides en retour	N° 19.
Paniers vides neufs, W C	N° 40.
Papier à écrire ou à imprimer	N°s 30, 37 et 38
Papier d'emballage ou à sucre	N°s 30 et 37.
Papier de goudron	N° 30.
Papiers peints	N°s 37 et 38.
Parfumerie	N°s 37 et 38.
Parquets en chêne	N° 37.
Passementerie	N°s 37 et 38.

NOMENCLATURE.	DÉSIGNATION des tarifs.
Pâte de bois pour papier	N° 37.
Pâtes et fécules alimentaires non dénommées	Nos 37 et 38.
Pavés, W C.	N° 12.
Pavés artificiels, W C.	N° 12.
Peaux de lapin brutes, W. C.	N° 40.
Peaux de moutons en laine brutes, W C	Nos 13 et 40.
Peaux non préparées	Nos 37 et 38
Peaux préparées	Nos 37 et 38.
Peaux vertes, salées ou sèches	N° 38.
Pendules	N° 37.
Perches destinées aux houblières	N° 9.
Perles en verre	N° 38.
Phosphate de chaux, W C	N° 34.
Photographie (articles de)	Nos 37 et 38.
Pianos et orgues	Nos 37 et 38.
Pièces de forge brutes ou ouvrées	N° 4.
Pièces en fer, fonte ou tôle, ajustées pour ponts	N° 4.
Pierres à aiguiser	N° 37.
Pierres à chaux	N° 12.
Pierres à macadam	N° 12.
Pierres artificielles en ciment	N° 18.
Pierres lithographiques brutes	Nos 37 et 38.
Pierres à plâtre, W C	N° 36.
Pierres de taille façonnées, W C	N° 2.
Pierres de taille brutes, W C	N° 7.
Pierres meulières, W C	N° 7.
Pipes (fûts) démontées, W C	N° 9.
Planches brutes, rabotées ou bouvetées, W C	N° 9.
Plantes vivantes, W C	N° 40.
Plaques de blindages	N° 4.
Plaques de garde	N° 4.
Plaques et grilles d'égoût	N° 4.
Plaques foyères en fonte	N° 4.
Plaques tournantes	N° 4.
Plateaux en retour	N° 19.
Plâtre à bâtir, W C	N° 36.
Plâtre pour moulage, W C	N° 18.
Plomb en saumons ou en plaques	N° 4.
Plomb en tuyaux	Nos 37 et 38.
Plumes en balles pressées	Nos 37 et 38
Poids à peser en fonte	N° 4.
Poids d'horloge et contre-poids en fonte	N° 4.
Poils communs d'animaux	Nos 37 et 38.
Poils de chèvre et de lapin	Nos 37 et 38.
Pointes en barils	N° 4.
Pointes en paquets, W C.	N° 4.
Poires et pommes à cidre et à la pelle, W C.	N° 30.
Pois secs, W C	N° 1.
Poivre	N° 38.
Poix	N° 38.
Pommes de terre, W C	Nos 1 et 12.
Pommes vertes en fûts	N° 37.
Porcelaine sans responsabilité	Nos 37 et 38.
Porcs, W C	N° 5.
Porte-bouteilles en fer se pliant	Nos 37 et 40.

NOMENCLATURE.	DÉSIGNATION des tarifs.
Potasse brute ou raffinée, W C	N° 31.
Potasse, W C, au départ de St.-Valery pour Amiens	N° 21.
Poteaux	N° 9.
Poterie commune cuite, W C.	N° 40.
Poterie du staffordshire	N° 38.
Poterie en fûts	N° 37.
Poterie non vernie en terre cuite, W C	N° 40.
Pots ronds en fonte pour produits chimiques	N° 4.
Poudrette, W C	N° 34.
Poulains, W C	N° 5.
Poulies en fonte	N° 4.
Poussière de laine	N° 34.
Poutres en fer, fonte ou tôle, pour ponts	N° 4.
Poutres et poutrelles, W C.	N° 9.
Presses lithographiques en caisses	Nos 37 et 38.
Produits chimiques, W C	N° 31.
Produits chimiques non dénommés en fûts ou sacs	Nos 37 et 18.
Produits envoyés aux concours agricoles et aux expositions	N° 14.
Projectiles (fer ou fonte)	N° 4.
Pulpes de betteraves	N° 34.
Pyrites, W C	N° 10.
Pyrolignite de fer. W C	N° 18.

Q

NOMENCLATURE.	DÉSIGNATION des tarifs.
Quartz	N° 12.
Quincaillerie non dénommée	Nos 37 et 38.
Quinquina	N° 38.

R

NOMENCLATURE.	DÉSIGNATION des tarifs.
Rabette (graine de), W C	N° 1.
Racines à brûler, W C	N° 9.
Racines médicinales	Nos 37 et 38.
Racines tinctoriales	Nos 37 et 38.
Rafles de maïs pour chauffage (allumettes landaises)	N° 23.
Raisins secs en caisses, W C, de Lille à Paris	N° 30.
Rails	N° 4.
Ravison (graine de) W C	N° 1.
Raygras, W C	N° 1.
Résidus de fécule, W C	N° 1.
Résidus de métaux	N° 4.
Résidus d'usines métallurgiques, W C de 10,000 kil.	N° 12.
Résine	N° 38.
Ressorts pour voitures et wagons	Nos 37 et 38.
Ressorts de voitures, de wagons et de locomotives	N° 4.
Ressorts pour tampons de wagons	N° 4.
Rivets	N° 4.
Riz, W C	Nos 1 et 38.
Rocou et pâtes tinctoriales	Nos 37 et 38.
Rognures de carton ou de papier, W C	N° 40.
Rognures de cuivre et d'autres métaux	N° 4.
Roseaux	N° 40.
Rotins	N° 38.
Rotins façonnés ou non, W C	N° 40.
Roues de wagon montées ou non montées	Nos 4, 37 et 38
Roues d'engrenages en fonte	N° 4.

S

NOMENCLATURE.	DÉSIGNATION des tarifs.
Sable, W C	N° 12.
Sabots de bétail	Nos 18 et 38.
Sabots de voiture en fonte	N° 4.
Sabots pour pilotis	N° 4.
Sacs vides en retour	N° 19.
Sacs vides neufs	N° 39.
Safranum	N° 38.
Sagou	N° 38.
Saindoux en fûts, W C	N° 27.
Sainfoin (graine de), W C	N° 1.
Sang en barriques, W C	N° 34.
Sarrazin, W C	N° 1.
Savons de Marseille, au départ de St-Valery pour Amiens, W C	N° 21.
Savon mou en barils	Nos 18, 37 et 38
Savon de toilette	Nos 37 et 38.
Sciure de bois, W C	N° 9.
Scories, W C	N° 12.
Seigle, W C	N° 1.
Sel ammoniac, W C	N° 18.
Sel de potasse, W C	N° 31.
Sels de soude, W C	Nos 18 et 31.
Sel gemme, W C	N° 18.
Sellerie	N° 37.
Sel marin, W C	Nos 18 et 32.
Serrurerie	Nos 37 et 38.
Sésame (graine de), W C	N° 1.
Siéges en fer pour jardins	N° 37.
Silicate de potasse, W C	N° 31.
Silicate de soude, W C	N° 31.
Socs de charrue	N° 4.
Soie grège filée ou moulinée	Nos 37 et 38.
Soies de porc	Nos 37 et 38.
Solives, W C	N° 9.
Sommiers élastiques	N° 37.
Son, W C	N° 1.
Sorgho (graine de), W C	N° 1.
Sorgho (tiges de) W C	N° 40.
Souches à brûler, W C	N° 9.
Soude, au départ de St-Valery pour Amiens, W C	N° 21.
Soude brute, W C	N° 31.
Soufre brut, au départ de St.-Valery pour Amiens, W C	N° 21.
Soufre brut en canons ou en poudre, W C	N° 31.
Spiritueux en fûts	Nos 37 et 38.
Stéarine	Nos 27, 37 et 38

NOMENCLATURE.	DÉSIGNATION des tarifs.
Stéréoscope	Nos 37 et 38.
Sucres bruts, W C	N° 33.
Sucres bruts à La Chapelle (délai d'enlèvement des)	N° 44.
Sucres candis en caisses	N° 24.
Sucres pilés en sacs, W C	N° 37.
Sucres raffinés en vrac, cadres, cages ou barrsses	Nos 24 et 37.
Suie, W C	N° 34.
Sulfates, W C	N° 31.
Sulfates d'alumine	N° 18.
Sulfate d'ammoniac, W C	N° 18.
Sulfate de baryte, W C	N° 18.
Sulfate de cuivre, W C	N° 18.
Sulfate de fer, W C	N° 18.
Sulfate de potasse, W C	N° 18.
Sulfate de soude, W C	N° 18.
Sulfate de zinc, W C	N° 18.
Sulfure de carbone	N° 31.
Sumac, W C	Nos 24 et 31.
T	
Tampons de wagons	N° 4.
Tan en sacs, W C	N° 18.
Tapioca	N° 38.
Tapis de feutre	N° 38.
Tapis de jute et de coco	N° 38.
Tapis de laine communs	Nos 37, 38 et 39
Tartre brute	Nos 31, 37 et 38
Taureaux, W C	N° 5.
Tenders	Nos 17 et 37.
Terreau, W C	N° 34.
Terre à foulon, W C	N° 38.
Terre à poterie, W C	Nos 12 et 18.
Terres de bruyères, W C	N° 34.
Terres kaoliniques, W C	N° 12.
Terres réfractaires, W C	N° 12
Terre végétale, W C	N° 34.
Théâtres de foires, W C	N° 30.
Tierrefonds pour rails en barils	N° 4.
Tissus	N° 30.
Tissus de coton ou de laine	Nos 37, 38 et 39
Toiles	N° 39.
Toiles à sacs ou d'emballages	N° 37.
Toiles cirées	Nos 37 et 38.
Toiles-cuirs en balles ou en caisses	N° 38.
Toiles de chanvre ou de lin	Nos 37, 38 et 39
Toiles métalliques	Nos 37 et 38.
Tôles en caisses	N° 38.
Tôles d'acier non ouvrées	N° 4.
Tôles de fer	N° 4.
Tôles grosses	N° 4.
Tonneaux démontés, W C	N° 9.
Tourbe, W C	N° 12.
Touries en terre cuite, W C	N° 40.
Tournure de fer	N° 4.
Tourteaux, W C	N° 34.
Traverses pour chemins de fer, W C de 10,000 kil.	N° 9.
Trèfle (graine de) W C	N° 1.
Tresses de paille fine	N° 37.
Trois-six en fûts	N° 3.
Tubes en cuivre	N° 4.
Tubes en fer	N° 4.
Tubes en laiton	N° 4.
Tuiles	N° 30.
Tuyaux en ciment, W C	N° 40.
Tuyaux en fer	Nos 4 et 38.
Tuyaux en fonte	N° 4.
Tuyaux en tôle bitumée ou non bitumée	N° 4.
Tuyères en fonte	N° 4.
U	
Ustensiles de ménage en fonte émaillée ou non, sans responsabilité	N° 4.
Ustensiles en cuivre	Nos 37 et 38.
Ustensiles en fer battu ou en fonte, sans responsabilité	Nos 37 et 38.
V	
Vaches, W C	N° 5.
Vannerie	Nos 30 et 37.
Varech, W C	N° 40.
Veaux, W C	N° 5.
Vernis en caisses ou en paniers	Nos 37 et 38.
Vernis en fûts	Nos 37 et 38.
Verrerie commune, W C	N° 40.
Verrerie commune, sans responsabilité	Nos 37 et 38.
Verrerie fine	Nos 37 et 38.
Verres à vitres en caisses, W C	N° 8.
Verre cassé, W C	Nos 18 et 30.
Vesces (graine de), W C	N° 1.
Viande fumée ou salée	N° 38.
Vieil acier	N° 4.
Vieille fonte cassée	N° 4.
Vieilles charpentes de démolition	N° 9.
Vieilles chaussures	N° 37.
Vieilles chaussures ponr engrais	N° 34.
Vieux cuivre	N° 4.
Vieux fusils	N° 37.
Vieux générateurs et matériel d'usine ayant servi, à l'exclusion des retours de réparation	N° 4.
Vieux papiers, W C	N° 40.
Vieux papiers en balles pressées	N° 37.
Vieux rails, W C	N° 4.
Vinaigres en fûts	Nos 3 et 37.
Vins en caisses ou en paniers	Nos 37 et 38.
Vins en fûts	Nos 3, 37 et 38
Vitriol bleu ou vert, W C	N° 18.
Voitures montées ou démontées	N° 30.
Volants en fonte	N° 4.
Voliges, W C	N° 9.
W	
Wagons à marchandises démontés	N° 37.
Wagons à terrassements	N° 30.
Wagons à voyageurs démontés	N° 37.
Wagons de mines	N° 30.
Z	
Zinc brut, W C	N° 4.
Zinc laminé en feuilles ou en tuyaux	Nos 4, 37 et 38
Zinc en saumons ou en plaques	Nos 4 et 38.
Zinc ouvré	Nos 37 et 38.
Zostère, W C	N° 40.
Zostères en balles pressées	Nos 37 et 38.

Tarif spécial P.V. — N° 1.

GRAINS, GRAINES, FARINES, LÉGUMES FARINEUX, ETC.

1re CATÉGORIE.

CAROTTES, HARICOTS, LENTILLES, NAVETS, OIGNONS SECS, POIS SECS.

Par expédition d'au moins 5,000 *kilogrammes.*

PRIX DE GARE EN GARE.

5e Série des tarifs généraux, avec maximum de perception de **15** fr. par tonne.

(Y compris les frais de chargement, de déchargement et de gare.)

2e CATÉGORIE.

AMIDON, FÉCULES, GLANDS, GRAINES, POMMES DE TERRE EN SACS (1), RÉSIDUS DE FÉCULE, RIZ.

Par expédition d'au moins 5,000 *kilogrammes.*

(Sous la dénomination de **GRAINES** sont comprises les **Graines fourragères** telles que *Betteraves, Dactyle, Jarosse, Luzerne, Millet, Minette, Moutarde, Raygras, Sainfoin, Trèfle, Vesces;* et les **Graines oléagineuses** telles que *Arachides, Cameline, Chanvre, Colza, Coton, Faînes, Lin, Navette, OEillette, Rabette, Ravison, Sésame, Sorgho.*)

PRIX DE GARE EN GARE.

5e Série des tarifs généraux, avec maximum de perception de **12** fr. par tonne.

(Y compris les frais de chargement, de déchargement et de gare.)

3e CATÉGORIE.

FARINES DE FROMENT ET DE SEIGLE, GRAINS, SONS & ISSUES EN SACS.

Par expédition d'au moins 5,000 *kilogrammes.*

(Sous la dénomination de **GRAINS** sont compris les **Avoines**, **Blé**, **Dari**, **Escourgeon**, **Fèves sèches**, **Féverole**, **Froment**, **Maïs**, **Malt**, **Orge**, **Pamelle** ou **Paumelle**, **Sarrasin** et **Seigle**.

PRIX DE GARE EN GARE.

6e Série des tarifs généraux, avec maximum de perception de **12** fr. par tonne.

(Y compris les frais de chargement, de déchargement et de gare.)

NOTA. — Les prix maxima de 15 fr. et de 12 fr. sont applicables, sans réduction ni augmentation, aux expéditions en provenance ou en destination du chemin de Ceinture, ou des gares communes.

(1) Les prix indiqués pour les pommes de terre en sacs sont également applicables aux pommes de terre en vrac, à la condition que le chargement et le déchargement seront faits par les expéditeurs et les destinataires. Dans le cas où l'un de ces opérations serait faite par la Compagnie, il lui serait payé 0 fr. 30 cent. par 1,000 kilog.

Date d'homologation : 10 juillet 1875.

PRIX SPÉCIAUX APPLICABLES A LA 2e ET A LA 3e CATÉGORIE.

STATIONS de départ et réciproquement.	STATIONS de destination.	Distances.	PRIX PAR 1,000 KILOG. y compris les frais de chargement, de déchargement et de gare.
AMIENS	Saint-Quentin	88	6 »
ARGENTEUIL	Ham	158	9 20
	Nesle	170	9 20
	Chaulnes	169	9 20
	Cambrai	212	10 »
	Maubeuge	236	11 »
	Arras	198	10 »
ARRAS	Ham	122	6 50
	Nesle	110	6 50
	Cambrai	64	4 50
	Maubeuge	106	6 50
	Valenciennes	59	5 »
	Lille	59	5 »
BOULOGNE	Ham	182	9 »
	Nesle	170	9 »
	Arras	173	8 »
	Douai	176	8 »
	Somain	190	8 50
	Valenciennes	210	9 50
	Seclin	154	7 50
	Lille	145	7 »
CALAIS	Ham	225	10 »
	Nesle	214	10 »
	Cambrai	177	7 10
	Achiet	153	8 50
	Arras	135	6 50
	Rœux	144	7 50
	Vitry	147	7 50
	Douai	137	6 50
	Somain	152	7 40
	Valenciennes	172	8 »
	Seclin	115	5 »
	Lille	107	4 80
CAMBRAI	Saint-Quentin	53	4 50
	Landrecies	47	4 50
	Maubeuge	74	6 »
	Douai	40	4 »
	Valenciennes	46	4 »
	Lille	74	5 »
DUNKERQUE	Ham	236	10 »
	Nesle	224	10 »
	Saint-Quentin	209	10 »
	Cambrai	156	7 10
	Avesnes	197	10 »
	Maubeuge	198	10 »
	Jeumont	208	10 »
	Achiet	131	8 50
DUNKERQUE (suite).	Arras	144	6 50
	Dourges	106	6 50
	Bully-Grenay	86	5 50
	Rœux	123	7 50
	Vitry	126	7 50
	Douai	116	6 50
	Somain	131	7 10
	Valenciennes	151	8 »
	Seclin	94	5 »
	Lille	86	4 80
	Tourcoing	96	6 50
HAM	Cambrai	82	6 »
	Amiens	59	4 50
	Saint-Valery	123	6 50
	Douai	122	7 50
	Valenciennes	127	7 50
	Lille	155	9 »
JONCTION PRÈS CLÈRES	Laon	213	10 »
	Saint-Quentin	194	10 »
	Cambrai	237	10 »
	Arras	174	10 »
	Hénin-Liétard	202	11 »
LONGPRÉ	Calais	139	9 »
	Lille	154	9 »
	Dunkerque	209	10 »
NESLE	Cambrai	94	6 »
	Amiens	47	4 50
	Saint-Valery	111	6 50
	Douai	134	7 50
	Valenciennes	139	7 50
	Lille	168	9 »
PARIS (La Chap.)	Ham	150	9 20
	Nesle	162	9 20
	Chaulnes	161	9 20
	Cambrai	205	10 »
	Maubeuge	227	11 »
	Arras	190	10 »
ROUEN	Laon	224	10 »
	Saint-Quentin	205	10 »
	Cambrai	258	10 »
	Arras	185	10 »
	Hénin-Liétard	213	11 »
SAINT-VALERY	Ham	123	6 50
	Saint-Quentin	152	8 »
SOISSONS	Pontoise	130	7 50

NOTA. — Les expéditions DE ou POUR une station non dénommée ci-dessus, comprise entre deux stations dénommées, jouiront du bénéfice des prix indiqués ci-dessus, en payant pour la distance entière, depuis la dernière station dénommée, située avant le lieu de départ, jusqu'à la première station dénommée, située après le lieu de destination, si la taxe ainsi calculée est plus avantageuse pour les expéditeurs que celle de la 5e ou de la 6e série des tarifs généraux.

CONDITIONS.

I. Les prix du présent tarif ne sont applicables qu'aux expéditions d'au moins 5,000 kilogrammes.

Les expéditions inférieures à 5,000 kilogrammes restent soumises aux prix et conditions du tarif général, à moins que l'expéditeur n'ait avantage à payer une taxe calculée sur 5,000 kilog., d'après le prix du présent tarif spécial.

II. La Compagnie se réserve de prolonger, à sa volonté, de cinq jours au-delà des délais règlementaires pour le transport des marchandises à petite vitesse, la durée des transports faisant l'objet de ce tarif.

III. Elle ne répond pas des avaries et déchets de route.

IV. Il sera fait une expédition distincte par chaque wagon.

Les déclarations d'expédition devront en conséquence être fractionnées, autant que possible, par wagon, et, dans tous les cas, ne pas porter un poids supérieur à 10,000 kilogrammes.

Par exception, cette mesure ne sera pas appliquée aux expéditions faites à l'intérieur du réseau du Nord, sur des parcours inférieurs à 100 kilomètres.

V. Les expéditeurs sont tenus, d'ailleurs, de se conformer exactement à tous les règlements et ordres de service de la Compagnie, ainsi qu'à celles des conditions du tarif général qui ne se trouvent pas modifiées par le présent tarif.

AVIS IMPORTANT.

Les prix du présent tarif ne seront appliqués qu'autant que l'expéditeur en aura fait la demande expresse sur sa déclaration. A défaut de cette demande préalable, l'expédition sera taxée de droit aux prix et conditions du tarif général.

Extrait des Tarifs spéciaux relatifs au retour des sacs vides.

Tarif G. V. N° 14. — Les sacs et toiles d'emballage vides en retour, transportés en grande vitesse, sur la demande des expéditeurs, seront taxés aux prix de la première série des Tarifs généraux de petite vitesse, si l'expéditeur fournit la preuve au bureau de départ, au moyen d'une lettre de voiture ou d'un récépissé ne remontant pas à plus d'un mois de date, que les marchandises contenues dans ces sacs ou toiles d'emballage ont été transportées par le chemin de fer du Nord.

Tarif P. V. N° 19. — Les sacs vides en retour sont taxés aux prix de la 6e série.

Tarif spécial P.V. — N° 2.

MARBRES

Par expédition d'au moins 5,000 kilogrammes.

1re CATÉGORIE

MARBRES OUVRÉS ET POLIS EN VRAC. — PIERRES DE TAILLE FAÇONNÉES.

5e Série des Tarifs Généraux.

2e CATÉGORIE.

Marbres ouvrés et polis en cadres ; Marbres en tranches scellées ou non scellées ; Carreaux en ciment, en marbre, en pierre ou en terre cuite ; Dalles en granit ou en pierre ; Albâtre brut.

6e Série des Tarifs Généraux.

3e CATÉGORIE.

MARBRES EN BLOCS.

6e Série des Tarifs Généraux, avec maximum de **12** fr. par tonne

(Frais de gare compris).

PRIX PARTICULIERS.

POINT DE PROVENANCE.	POINTS DE DESTINATION.	DISTANCE.	PRIX par 1,000 kilog., frais de gare compris.
DUNKERQUE	Erquelinnes	210	8 »
	Frontière-Belge près Baisieux..	97	5 40

Date d'homologation : 10 juillet 1875.

CONDITIONS.

I· Les prix du présent tarif ne sont applicables qu'aux expéditions de 5,000 kilogrammes au moins.

Les expéditions inférieures à 5,000 kil. restent soumises aux prix et conditions du tarif général, à moins qu'il n'y ait avantage pour l'expéditeur à payer une taxe calculée sur 5,000 kilog., au prix du présent tarif spécial.

II. Le chargement et le déchargement des marbres désignés à la première et à la seconde catégories seront faits par les expéditeurs et les destinataires à leurs frais, risques et périls. Si, pour ces opérations, il est fait usage des engins de la Compagnie, il sera perçu, en sus des frais de gare, 15 c. par tonne pour chaque opération.

III. La Compagnie se réserve le droit de prolonger, à sa volonté, de 5 jours au-delà des délais réglementaires, pour les transports à petite vitesse, la durée des transports faisant l'objet de ce tarif.

IV. Elle sera exonérée d'une manière absolue de toute responsabilité pour les avaries de route.

V. Il sera fait une expédition distincte par chaque wagon.

Les déclarations d'expéditions devront en conséquence être fractionnées, autant que possible, par wagon, et, dans tous les cas, ne pas porter un poids supérieur à 10,000 kilogrammes

Par exception, cette mesure ne sera pas appliquée aux expéditions faites à l'intérieur du réseau du Nord sur des parcours inférieurs à 100 kilomètres.

VI. Les prix de transport indiqués ci-dessus seront appliqués sans augmentation pour les pièces pesant de 5,000 à 10,000 kilog.

VII. Les expéditeurs seront tenus d'ailleurs de se conformer exactement à tous les règlements et ordres de service de la Compagnie, ainsi qu'à celles des conditions du tarif général qui ne se trouvent pas modifiées par le présent tarif.

AVIS IMPORTANT.

Les prix du présent tarif ne seront appliqués qu'autant que l'expéditeur en aura fait la demande expresse sur sa déclaration. A défaut de cette demande préalable, l'expédition sera taxée de droit aux prix et conditions du tarif général.

Tarif spécial P.V. — N° 3.

VINS, VINAIGRES ET TROIS-SIX EN FUTS.

Prix par 1,000 kilog. de gare en gare.

§ 1er — Vins et Vinaigres en fûts.

POINTS DE DÉPART.	POINTS DE DESTINATION.	F.	C.	
CALAIS et DUNKERQUE.	Saint-Quentin	15	50	Frais de chargement, de déchargement et de gare compris.
	Cambrai	12	»	
	Amiens	16	»	
	Albert	14	»	
	Arras	11	»	
	Douai	9	»	
	Dourges	9	»	
	Somain	11	»	
	Valenciennes	11	»	
	Quiévrain	12	»	
	Seclin	7	50	
	Lille	6	50	
	Tourcoing	8	50	
	Armentières	6	50	
BOULOGNE	Amiens	11	50	
LILLE	Dunkerque	6	50	
ROUEN et JONCTION PRÈS CLÈRES.	Laon	18	»	
	Saint-Quentin	15	50	
	Cambrai	20	»	
	Jeumont	22	»	
	Valenciennes	22	»	
	Lille	22	»	

§ 2. — Trois-six en fûts.

POINTS DE DÉPART.	POINTS DE DESTINATION.	F.	C.	
ROUEN et JONCTION PRÈS CLÈRES.	Laon, Saint-Quentin	19	»	Frais de chargement, de déchargement et de gare compris.
	Cambrai, Jeumont, Boulogne, Calais, Blanc-Misseron, Lille, Dunkerque	24	»	

NOTA. Les expéditions DE ou POUR une station non dénommée ci-dessus, comprise entre deux stations denommées, jouiront du bénefice du présent tarif spécial, en payant pour la distance entière depuis la dernière station dénommée, située avant le lieu de départ, jusqu'à la première station denommée, située après le lieu de destination, si la taxe ainsi ca lculée est plus avantageuse pour les expéditeurs que celle du tarif général.

Date d'homologation : 10 juillet 1875.

CONDITIONS.

I. La Compagnie se réserve la faculté de prolonger, à sa volonté, de cinq jours au-delà des délais réglementaires pour les transports à petite vitesse, la durée des transports faisant l'objet de ce tarif.

II. Les expéditions inférieures à 50 kilogrammes restent soumises aux prix et conditions du tarif ordinaire, à moins que l'expéditeur n'ait avantage à payer une taxe calculée sur 50 kilogr. d'après le prix du présent tarif spécial.

III. Les expéditeurs seront tenus, d'ailleurs, de se conformer exactement à tous les règlements et ordres de service de la Compagnie, ainsi qu'à celles des conditions du tarif général qui ne se trouvent pas modifiées par le présent tarif.

AVIS IMPORTANT.

Les prix du présent tarif ne seront appliqués qu'autant que l'expéditeur en aura fait la demande expresse sur sa déclaration. A défaut de cette demande préalable, l'expédition sera taxée de droit aux prix et conditions du tarif général.

Tarif spécial P.V. — N° 4.

FERS, FONTES, MÉTAUX, etc.

Le présent tarif est divisé en quatre catégories ; les marchandises appelées à en jouir sont dénommées au tableau ci-après, avec indication de la catégorie afférente à chacune d'elles.

NOMENCLATURE PAR ORDRE ALPHABÉTIQUE.

MARCHANDISES.	CATÉGORIES
A	
Acier à ressorts pour voitures	2
Acier brut	2
Acier en barres ou en bottes	2
Ancres de marine	1
Arbres en fer	1
B	
Bandages de roues	1
Barreaux de grille, en fer ou en fonte	3
Boîtes à graisse en fonte	1
Boîtes de roues	1
Boîtes de tampons pour wagons	1
Bombes	3
Boulets	3
Boulons en barils	3
C	
Câbles en fer	1
Candélabres en fonte unis	3
Carbonate de baryte	4
Cendres de plomb	4
Chaînes-câbles de marine, en vrac, sans responsabilité	3
Chaînes en fer, en barils	2
Charpentes en fer	1
Chaudières en fonte	1
Chenets en fonte	1
Chevillettes en barils	3
Clefs ébauchées	2
Clous en fer, en barils	2
Clous en fer, en paquets, W. C.	1
Coins en fer	3
Colonnes en fonte, sans ornements, sans responsabilité	3
Cornières en fer	3
Cornues en fer ou en fonte	3
Corps de pompes en fonte	3
Coussinets pour rails	4
Crapaudines en fonte	3
Cuivre brut, en plaques ou en saumons	2
Cuivres en feuilles	2
E	
Eclisses pour rails	3
Enclumes	1
Essieux montés ou non montés	2
Etain brut, en plaques ou en saumons	2
Etaux	1
F	
Fer-blanc en caisses	1
Fer brut ébauché ou puddlé	4
Fer en barres	3
Fer feuillard	2
Fer pour planchers	3
Ferraille	4
Fer riblon	4
Ferrures de wagons	1
Fers à cheval ébauchés	2
Fers en pièces forgées	1
Fil de fer	2
Fontes brutes en massiaux ou sapots	4
Fontes d'ornement	1
Fontes moulées (grosses) non dénommées	2
G	
Galènes	4
Gargouilles	3
M	
Manganèse	4
Massiaux	4
Minerais de cuivre, de plomb et de zinc	4
Mitraille de cuivre	2
Mitraille de fer, de fonte ou de zinc	4
Mitraille de plomb	3
Moyeux en fonte	1
P	
Pièces de forge, brutes ou ouvrées	1
Pièces en fer, fonte ou tôle ajustée pour ponts, dont la longueur n'excède pas $6^{m}50$	3
Plaques de blindage	3
Plaques de garde	1
Plaques et grilles d'égout	3
Plaques foyères en fonte	3
Plaques tournantes	1
Plomb en saumons ou en plaques	3
Poids à peser en fonte	3
Poids d'horloge et contre poids en fonte	3
Pointes en barils	1
Pointes en paquets, W. C.	1
Pots ronds en fonte pour produits chimiques	3
Poulies en fonte	2
Poutres en fer, fonte ou tôle pour ponts, dont la longueur n'excède pas $6^{m}50$	3
Projectiles en fer ou en fonte	3
R	
Rails	4
Résidus de métaux	2

Date d'homologation : 25 octobre 1875.

MARCHANDISES.	CATÉGORIES	MARCHANDISES.	CATÉGORIES	MARCHANDISES.	CATÉGORIES
Ressorts de voitures, de wagons et de locomotives	2	Tire-fonds pour rails en barils	3	**V**	
Ressorts pour tampons de wagons	2	Tôle d'acier non ouvrée	1	Vieil acier	2
Rivets en fer	2	Tôle de fer	1	Vieille fonte cassée	4
Rognures de cuivre et d'autres métaux	2	Tôle grosse	3	Vieux cuivre	3
Roues de wagons montées ou non montées	2	Tournure de fer	4	Vieux générateurs et matériel d'usines ayant servi, à l'exclusion des retours de réparation	1
Roues d'engrenages en fonte	1	Tubes en cuivre	2	Volants en fonte	1
S		Tubes en fer	2	**Z**	
Sabots de voiture en fonte	1	Tubes en laiton	2	Zinc laminé en feuilles, en tuyaux	2
Sabots pour pilotis	1	Tuyaux en fer	2	Zinc en saumons ou en plaques	3
Socs de charrues	1	Tuyaux en fonte	3		
T		Tuyaux en tôle bitumée ou non bitumée	2		
Tampons de wagons	1	Tuyères en fonte	3		
		U			
		Ustensiles de ménage en fonte, sans responsabilité	1		

§ 1er — Prix afférents aux quatre catégories.

CATÉGORIES.	PAR EXPÉDITIONS inférieures à 5,000 kilogrammes.	PAR EXPÉDITIONS d'au moins 5,000 kilogrammes.
1re Catégorie	4e série du tarif général.	5e série du tarif général.
2e Catégorie	5e série du tarif général.	6e série du tarif général.
3e Catégorie	5e série du tarif général.	6e série du tarif général avec maximum de 11 francs (1).
4e Catégorie	6e série du tarif général	Prix spéciaux indiqués au tableau ci après.

(1) Ce prix est réduit à 10 FRANCS pour les expéditions au départ de LILLE, VALENCIENNES, LE QUESNOY, LOURCHES, MAUBEUGE, et les points intermédiaires entre ces stations et la destination.

NOTA. — Les prix de 10 et 11 FRANCS comprennent les frais de gare.

Il y a lieu d'ajouter 0,30 centimes par tonne pour chaque opération de chargement et de déchargement, à moins que la marchandise ne soit en provenance ou en destination, soit d'un autre chemin de fer, soit d'un embranchement particulier.

§ 2 — Prix particuliers.

I. Au départ de **Paris** et de **Creil**, les marchandises de la première catégorie sont taxées aux prix de la seconde, et celles de la troisième aux prix de la quatrième.

II.

NATURE DES MARCHANDISES.	POINTS DE PROVENANCE.	POINTS DE DESTINATION.	PRIX PAR TONNE, frais de gare compris.
Chaînes - Câbles de marine, en vrac, par wagon complet d'au moins 5,000 kilog., sans responsabilité.	Raismes.	Dunkerque	6 »
Ferronnerie.	Hirson.	Paris (La Chapelle). . .	16 70 (1)
Fers en barres et toutes les marchandises de la 3e catégorie, par expédition d'au moins 5,000 kilogrammes. .	Maubeuge.	Boulogne, Marquise et Calais Dunkerque.	10 » 8 50
Fonte brute, par wagon chargé de 10,000 kilogrammes.	Saint-Valery. Boulogne. Marquise-Rinxent. Calais. Dunkerque.	Paris. . . . . Laon, Crécy-Mortiers et Hirson Saint-Quentin . . . . Maubeuge . . . . . Somain . . . . Lourches. . . . . . . Creil	8 » 7 40 7 40 7 40 5 70 6 » 6 »
	Saint-Valery et Boulogne.	Raismes. . . . . . . Valenciennes. . . . . Blanc-Misseron. . . .	6 20 6 40 6 70
	Hautmont.	Valenciennes. . . . . Blanc-Misseron. . . .	3 50 3 80
	Hirson.	Maubeuge	3 »
Manganèse, par wagon chargé de 10,000 kilogrammes	Dunkerque.	Chauny . . . . Hautmont . . . . . . Maubeuge	7 40 6 80 6 90
Marchandises de la 1re catégorie, par expédition inférieure à 5,000 kilogr. . .	Erquelinnes. Calais. Quiévrain. Mouscron. Dunkerque.	Jonction près Clères et Rouen.	20 »
Marchandises de la 1re catégorie, par expédition d'au moins 5,000 kilogr. . .	Erquelinnes. Calais. Quiévrain. Mouscron. Dunkerque.	Jonction près Clères et Rouen	14 »
Minerai de cuivre, de plomb et de zinc. . . . . par wag. de 5,000 k.	Paris et Argenteuil	Vitry.	7 »
Minerai de cuivre, de plomb et de zinc, par wag. de 10,000 k.	Dunkerque.	Vitry . . . . Douai.	4 70 4 50
Plomb en saumons ou en plaques, par expédition d'au moins 5,000 kil.	Amiens. Dunkerque.	Lille.	7 » 4 20
Plomb en tables ou en tuyaux, par expédition d'au moins 5,000 kilogr. . .	Lille.	Chauny . . . . Dunkerque.	9 90 7 20
Résidus de métaux — Rognures de cuivre et d'autres métaux, par expédition d'au moins 5,000 kilogr. . .	Paris. Le Bourget. Argenteuil. Beauvais.	La Fère et Saint-Quentin Cambrai et Douai . . . Autres points.	7 » 8 » 10 »
	Jonction près Clères et Rouen	Douai.	10 »
Ustensiles de ménage en fonte.	Fourmies.	La Chapelle	16 70
Vieux rails, par expédition d'au moins 5,000 kilogrammes	Paris et Argenteuil.	Lourches . . . . Maubeuge	7 »
Zinc brut, par expédition d'au moins 5,000 kilogrammes	Dunkerque.	Pont de la Deûle. . . .	5 60
Zinc laminé, par expédition d'au moins 5,000 kilogrammes	Pont de la Deûle.	Paris (La Chapelle). . .	11 »

NOTA. — Les expéditions DE OU POUR une station non dénommée ci-dessus, comprise entre deux stations dénommées jouiront du bénéfice du présent tarif spécial, en payant, pour la distance entière, depuis la dernière station dénommée située avant le lieu de départ, jusqu'à la première station dénommée située après le lieu de destination, si la taxe ainsi calculée est plus avantageuse pour les expéditeurs que celle de la sixième série du tarif général.

(1) *Y compris les frais de chargement et de déchargement.*

TABLEAU DES PRIX A PERCEVOIR

Pour le transport des Marchandises désignées à la 4e catégorie du présent Tarif,

Expédiées par envois d'au moins 5,000 kilogrammes.

Des STATIONS CI-APRÈS aux STATIONS CI-CONTRE et réciproquement.	PARIS LA CHAPEL.		LAON.		CREIL.		LOURCHES.		AULNOYE.		HAUTMONT		GARE DES USINES.		MAUBEUGE		ERQUE-LINNES.		AMIENS.		JONCTION P. CLÈRES.	
	Distances.	PRIX par 1,000 kilog	Distances.	PRIX par 1,000 kilog	Distances.	PRIX par 1,000 kilog	Distances.	PRIX par 1,000 kilog	Distances.	PRIX par 1,000 kilog	Distances.	PRIX par 1,000 kilog	Distances.	PRIX par 1,000 kilog	Distances.	PRIX par 1,000 kilog	Distances.	PRIX par 1,000 kilog	Distances.	PRIX par 1,000 kilog	Distances.	PRIX par 1,000 kilog
Paris (La Chapelle)	»	» »	»	» »	49	3 »	222	9 »	215	9 »	223	9 »	226	9 »	227	9 »	239	10 »	»	» »	»	» »
Soissons	»	» »	»	» »	»	» »	»	» »	»	» »	»	» »	»	» »	»	» »	»	» »	»	» »	228	9 40
Laon	»	» »	»	» »	108	5 30	»	» »	»	» »	»	» »	»	» »	»	» »	»	» »	»	» »	»	» »
Argenteuil	»	» »	»	» »	57	3 »	230	9 »	222	9 »	230	9 »	234	9 »	236	9 »	247	10 »	»	» »	»	» »
Senlis	»	» »	»	» »	22	1 30	»	» »	»	» »	»	» »	199	9 »	200	9 »	212	9 »	»	» »	161	7 70
Creil	49	3 »	108	5 30	»	» »	174	7 70	166	6 40	174	7 70	177	7 80	179	7 90	190	8 20	81	4 50	140	7 »
Beauvais	»	» »	»	» »	38	2 40	»	» »	»	» »	»	» »	»	» »	»	» »	227	10 »	»	» »	»	» »
Compiègne	»	» »	»	» »	»	» »	»	» »	133	6 40	»	» »	»	» »	»	» »	»	» »	»	» »	»	» »
Chauny	»	» »	»	» »	74	4 30	»	» »	»	» »	»	» »	»	» »	»	» »	»	» »	»	» »	»	» »
Ham	»	» »	»	» »	»	» »	»	» »	»	» »	»	» »	»	» »	»	» »	»	» »	»	» »	»	» »
Saint-Quentin	»	» »	»	» »	103	5 30	»	» »	»	» »	»	» »	»	» »	»	» »	»	» »	»	» »	194	8 80
Bohain	»	» »	»	» »	125	6 40	»	» »	»	» »	»	» »	»	» »	»	» »	»	» »	»	» »	»	» »
Cambrai	205	9 »	»	» »	156	7 20	»	» »	»	» »	»	» »	»	» »	»	» »	»	» »	»	» »	237	9 70
Lourches	222	9 »	»	» »	174	7 70	»	» »	»	» »	»	» »	»	» »	»	» »	»	» »	»	» »	219	9 60
Landrecies	200	9 »	»	» »	154	6 40	»	» »	»	» »	»	» »	»	» »	»	» »	»	» »	»	» »	242	10 »
Aulnoye	215	9 »	»	» »	166	6 40	»	» »	»	» »	»	» »	»	» »	»	» »	»	» »	»	» »	257	10 »
Hautmont	223	9 »	»	» »	174	7 70	»	» »	»	» »	»	» »	6	» 60	»	» »	»	» »	159	8 »	265	10 »
Gare des Usines	226	9 »	»	» »	177	7 80	»	» »	»	» »	6	» 60	»	» »	6	» 60	»	» »	162	8 »	268	10 »
Maubeuge	227	9 »	»	» »	179	7 90	»	» »	»	» »	»	» »	6	» 60	»	» »	»	» »	163	8 »	269	10 »
Erquelinnes	239	10 »	»	» »	190	8 20	»	» »	»	» »	»	» »	»	» »	»	» »	»	» »	»	» »	281	10 »
Clermont	»	» »	»	» »	45	1 20	»	» »	»	» »	»	» »	»	» »	193	9 »	205	9 »	»	» »	155	7 »
Amiens	»	» »	»	» »	81	4 50	»	» »	»	» »	159	8 »	162	8 »	163	8 »	»	» »	»	» »	106	5 70
Serqueux	»	» »	179	8 40	105	5 90	185	8 60	223	9 »	230	9 »	234	9 »	235	9 »	247	10 »	72	4 30	35	2 40
Jonction p. Clères	»	» »	»	» »	140	7 »	219	9 60	257	10 »	265	10 »	268	10 »	269	10 »	281	10 »	106	5 70	»	» »
Rouen	»	» »	»	» »	»	» »	230	9 90	268	10 »	276	10 »	279	10 »	280	10 »	292	10 »	117	6 10	»	» »
Abbeville	»	» »	»	» »	126	6 50	»	» »	196	8 »	204	8 »	207	8 »	209	8 »	»	» »	45	3 »	»	» »
Saint-Valery	»	» »	»	» »	145	6 50	»	» »	215	9 »	223	9 »	226	9 »	227	9 »	»	» »	»	» »	»	» »
Boulogne	252	9 40	231	9 40	204	6 50	»	» »	»	» »	253	9 »	256	9 »	258	9 »	»	» »	123	6 50	»	» »
Marquise Rinxent	270	9 40	248	9 40	221	8 10	»	» »	»	» »	236	8 70	239	8 70	240	8 70	252	8 80	»	» »	247	10 »
Calais	296	9 40	274	9 40	247	9 »	»	» »	207	7 70	215	7 70	218	7 70	220	7 80	»	» »	»	» »	273	10 »
Arras	190	9 »	»	» »	142	6 70	»	» »	»	» »	»	» »	»	» »	»	» »	»	» »	»	» »	174	8 20
Béthune	229	9 40	»	» »	180	8 10	»	» »	»	» »	»	» »	»	» »	»	» »	»	» »	»	» »	212	9 40
Vitry	206	9 »	»	» »	158	7 60	»	» »	»	» »	»	» »	»	» »	»	» »	»	» »	»	» »	189	8 70
Douai	216	9 »	»	» »	168	7 60	»	» »	»	» »	»	» »	»	» »	»	» »	»	» »	»	» »	199	9 »
Somain	228	9 »	»	» »	180	7 90	»	» »	»	» »	»	» »	»	» »	»	» »	»	» »	»	» »	211	9 40
Raismes	243	9 »	»	» »	195	8 50	»	» »	»	» »	»	» »	»	» »	»	» »	»	» »	»	» »	226	9 80
Valenciennes	249	9 »	»	» »	200	8 50	»	» »	»	» »	»	» »	»	» »	»	» »	»	» »	»	» »	232	10 »
Blanc-Misseron	260	10 »	»	» »	212	8 80	»	» »	»	» »	»	» »	»	» »	»	» »	»	» »	»	» »	244	10 »
Quiévrain	262	10 »	»	» »	214	8 80	»	» »	»	» »	»	» »	»	» »	»	» »	»	» »	»	» »	245	10 »
Lille	249	9 40	»	» »	200	8 50	»	» »	»	» »	»	» »	»	» »	»	» »	»	» »	»	» »	232	10 »
Fr. bel. p. Baisieux	260	10 »	»	» »	211	9 »	»	» »	»	» »	»	» »	»	» »	»	» »	»	» »	»	» »	243	10 »
Mouscron	265	10 »	»	» »	216	9 »	»	» »	»	» »	»	» »	»	» »	»	» »	»	» »	»	» »	248	10 »
Hazebrouck	263	9 40	218	9 40	214	9 »	»	» »	»		»	» »	»	» »	»	» »	»	» »	»	» »	246	10 »
Saint-Omer	283	9 40	239	9 40	235	9 »	»	» »	»	»	»	» »	177	7 70	178	7 80	»	» »	»	» »	266	10 »
Dunkerque	304	9 40	259	9 40	255	9 »	»	» »	186	7 70	194	7 70	197	7 70	198	7 80	»	» »	»	» »	287	10 »

Des STATIONS CI-APRÈS aux STATIONS CI-CONTRE et réciproquement.	ROUEN. Distances.	ROUEN. PRIX par 1,000 kilog	ST-VALERY. Distances.	ST-VALERY. PRIX par 1,000 kilog	BOULOGNE. Distances.	BOULOGNE. PRIX par 1,000 kilog	MARQUISE RINXENT. Distances.	MARQUISE RINXENT. PRIX par 1,000 kilog	CALAIS. Distances	CALAIS. PRIX par 1,000 kilog	SOMAIN. Distances.	SOMAIN. PRIX par 1,000 kilog	VALENCIENNES. Distances.	VALENCIENNES. PRIX par 1,000 kilog	BLANC-MISSERON. Distances.	BLANC-MISSERON. PRIX par 1,000 kilog	LILLE. Distances.	LILLE. PRIX par 1,000 kilog	DUNKERQUE. Distances.	DUNKERQUE. PRIX par 1,000 kilog
Paris (La Chapelle)	»	» »	»	» »	252	9 40	270	9 40	296	9 40	228	9 »	249	9 »	260	10 »	249	9 40	304	9 40
Soissons	»	» »	»	» »	266	10 »	284	10 »	310	10 »	»	» »	»	» »	»	» »	»	» »	295	10 »
Laon	»	» »	»	»	231	9 40	248	9 40	274	9 40	»	» »	»	» »	»	» »	»	» »	259	9 40
Argenteuil	»	» »	»	» »	260	9 40	278	9 40	304	9 40	237	9 »	257	9 »	268	10 »	256	9 40	311	9 40
Senlis	»	» »	»	» »	225	9 40	243	9 40	269	9 40	201	9 »	222	9 »	233	10 »	221	9 40	276	9 40
Creil	»	» »	145	6 50	204	6 50	221	8 10	247	9 »	180	7 90	200	8 50	212	8 80	200	8 50	255	9 »
Beauvais	»	» »	»	» »	»	» »	239	10 »	265	10 »	»	» »	»	» »	»	» »	»	» »	279	10 »
Compiègne	»	» »	»	» »	237	9 20	255	9 40	280	9 40	»	» »	»	» »	»	» »	196	8 50	278	9 40
Chauny	»	» »	»	» »	210	9 40	227	9 40	253	9 40	»	» »	»	» »	»	» »	»	» »	239	9 40
Ham	»	» »	»	» »	»	» »	»	» »	225	9 40	»	» »	»	» »	»	» »	»	» »	236	9 40
Saint Quentin	»	» »	»	» »	»	» »	»	» »	»	» »	»	» »	»	» »	»	» »	»	» »	»	» »
Bohain	226	9 80	»	» »	»	» »	»	» »	»	» »	»	» »	»	» »	»	» »	»	» »	»	» »
Cambrai	248	10 »	»	» »	»	» »	»	» »	»	» »	»	» »	»	» »	58	3 80	»	» »	»	» »
Lourches	230	9 90	»	» »	»	» »	»	» »	»	» »	»	» »	»	» »	»	» »	»	» »	»	» »
Landrecies	250	10 »	»	» »	»	» »	242	8 70	221	7 70	»	» »	»	» »	»	» »	»	» »	200	7 70
Aulnoye	268	10 »	215	9 »	»	» »	»	» »	207	7 70	»	» »	»	» »	»	» »	»	» »	186	7 70
Hautmont	276	10 »	223	9 »	253	9 »	236	8 70	215	7 70	»	» »	»	» »	»	» »	»	» »	194	7 70
Gare des Usines	279	10 »	226	9 »	256	9 »	239	8 70	218	7 70	»	» »	»	» »	»	» »	»	» »	197	7 70
Maubeuge	280	10 »	227	9 »	258	9 »	240	8 70	220	7 80	»	» »	»	» »	»	» »	»	» »	198	7 80
Erquelinnes	292	10 »	»	» »	»	» »	252	8 80	»	» »	»	» »	»	» »	»	» »	»	» »	»	» »
Clermont	166	7 20	»	» »	189	6 50	206	9 »	232	9 »	»	» »	»	» »	»	» »	»	» »	240	9 »
Amiens	117	6 10	»	» »	123	6 50	»	» »	»	» »	»	» »	»	» »	»	» »	»	» »	»	» »
Serqueux	46	2 80	136	6 90	195	8 90	212	9 40	238	9 70	177	8 30	198	9 »	209	9 30	197	8 90	252	9 70
Jonction p. Clères	»	» »	»	» »	»	» »	247	10 »	273	10 »	211	9 40	232	10 »	244	10 »	232	10 »	287	10 »
Rouen	»	» »	»	» »	»	» »	258	10 »	284	10 »	222	9 70	243	10 »	255	10 »	243	10 »	298	10 »
Abbeville	»	» »	»	» »	»	» »	»	» »	»	» »	151	7 »	171	7 »	183	7 40	»	» »	»	» »
Saint-Valery	»	» »	»	» »	»	» »	»	» »	»	» »	170	7 »	190	7 »	202	7 40	»	» »	»	» »
Boulogne	»	» »	»	» »	»	» »	»	» »	»	» »	190	7 »	211	7 »	222	7 40	»	» »	»	» »
Marquise-Rinxent	258	10 »	»	» »	»	» »	»	» »	»	» »	173	6 »	193	6 »	205	6 40	»	» »	124	4 80
Calais	284	10 »	»	» »	»	» »	»	» »	»	» »	152	6 »	172	6 »	»	» »	»	» »	»	» »
Arras	185	8 60	»	» »	»	» »	»	» »	»	» »	»	» »	»	» »	»	» »	»	» »	»	» »
Béthune	223	9 70	»	» »	»	» »	»	» »	»	» »	»	» »	»	» »	»	» »	»	» »	»	» »
Vitry	200	9 »	»	» »	»	» »	»	» »	»	» »	»	» »	»	» »	»	» »	»	» »	»	» »
Douai	210	9 30	»	» »	»	» »	158	6 »	»	» »	»	» »	»	» »	»	» »	»	» »	»	» »
Somain	222	9 70	170	7 »	190	7 »	173	6 »	152	6 »	»	» »	»	» »	»	» »	»	» »	131	6 »
Raismes	237	10 »	185	7 »	205	7 »	188	6 »	167	6 »	»	» »	»	» »	»	» »	»	» »	146	6 »
Valenciennes	243	10 »	190	7 »	210	7 »	193	6 »	172	6 »	»	» »	»	» »	»	» »	»	» »	151	6 »
Blanc-Misseron	255	10 »	202	7 40	222	7 40	205	6 40	»	» »	»	» »	»	» »	»	» »	»	» »	»	» »
Quiévrain	256	10 »	»	» »	»	» »	207	7 10	»	» »	»	» »	»	» »	6	» 80	»	» »	»	» »
Lille	243	10 »	»	» »	»	» »	»	» »	»	» »	»	» »	»	» »	»	» »	»	» »	»	» »
Fr.belg. p. Baisieux	254	10 »	»	» »	»	» »	»	» »	»	» »	»	» »	»	» »	»	» »	»	» »	»	» »
Mouscron	259	10 »	»	» »	»	» »	»	» »	»	» »	»	» »	»	» »	»	» »	»	» »	»	» »
Hazebrouck	257	10 »	»	» »	»	» »	»	» »	»	» »	»	» »	»	» »	»	» »	»	» »	»	» »
Saint-Omer	277	10 »	»	» »	»	» »	»	» »	»	» »	»	» »	»	» »	»	» »	»	» »	»	» »
Dunkerque	298	10 »	»	» »	»	» »	124	4 80	»	» »	131	6 »	151	6 »	»	» »	»	» »	»	» »

OBSERVATION. Pour les autres relations, appliquer les prix du barême du tarif spécial N° 31, § 1er, p. 91.

Les prix ci-dessus comprennent les frais de gare au départ et à l'arrivée. Le chargement ou le déchargement seront faits par les expéditeurs et les destinataires. Dans le cas où l'une de ces opérations serait faite par la Compagnie, elle lui serait payée 30 cent. par 1,000 kilog.

Nota. — Les expéditions de ou pour une station non dénommée ci-dessus, comprise entre deux stations dénommées, jouiront du bénéfice du présent tarif spécial, en payant, pour la distance entière, depuis la dernière station dénommée située avant le lieu de départ, jusqu'à la première station dénommée située après le lieu de destination, si la taxe ainsi calculée est plus avantageuse pour les expéditeurs que celle de la sixième série du tarif général ou du barême du tarif spécial P. V. N° 31, § 1er

CONDITIONS.

I. Les frais de manutention (frais de chargement, de déchargement et de gare), sont fixés à 1 fr. 50 c. pour les expéditions partielles, et à 1 fr. pour les expéditions par wagon complet.

II. Les prix de transport sont augmentés de 50 p. 100 pour les pièces pesant de 5,000 à 10,000 kilog. Le chargement et le déchargement des pièces pesant plus de 3,000 kilog. seront faits sous la surveillance et la direction de l'expéditeur et du destinataire, et à leurs frais, risques et périls

Dans toutes les gares où la Compagnie n'a pas de grue ou de treuil de force suffisante pour effectuer le chargement et le déchargement, ces opérations seront faites par les soins des expéditeurs et des destinataires, à leurs frais, risques et périls.

Dans les autres gares, la Compagnie mettra ses engins à la disposition des expéditeurs et des destinataires, moyennant 15 centimes par tonne pour chaque opération, et le chargement et le déchargement seront faits par leurs soins, à leurs frais, risques et périls.

III. Lorsque la longueur des pièces excèdera 6 mètres 50 c., la taxe sera établie sur le poids réel de l'expédition, avec un supplément de 15 c. par kilomètre, pour chaque wagon en plus du premier. Quelle que soit la longueur des wagons disponibles au moment de l'expédition ce supplément, calculé sur la distance par rail, n'est point perçu lorsque le poids de l'expédition atteint 5,000 kilog. par chaque wagon employé.

IV. Les expéditions partielles seront taxées comme expéditions par wagon complet, en payant une taxe calculée sur un poids minimum de 5,000 kilog., lorsqu'il y aura avantage pour l'expéditeur.

V. La Compagnie ne répond pas des avaries et déchets de route.

VI. Il sera fait une expédition distincte par chaque wagon.

Les déclarations d'expédition devront, en conséquence, être fractionnées autant que possible par wagon, et, dans tous les cas, ne pas porter un poids supérieur à 10,000 kilogrammes.

Par exception, cette mesure ne sera pas appliquée aux expéditions faites à l'intérieur du réseau du Nord, sur des parcours inférieurs à 100 kilomètres.

VII. Les délais réglementaires pour les transports à petite vitesse pourront être dépassés de cinq jours, sans que pour ce surcroît de délai, la Compagnie soit soumise à aucune indemnité.

VIII. Les expéditeurs seront tenus, d'ailleurs, de se conformer exactement à tous les règlements et ordres de service de la Compagnie, ainsi qu'à celles des conditions du tarif général qui ne se trouvent pas modifiées par le présent tarif.

AVIS IMPORTANT.

Les prix du présent tarif ne seront appliqués qu'autant que l'expéditeur en aura fait la demande expresse sur sa déclaration. A défaut de cette demande préalable l'expédition sera taxée de droit aux prix et conditions du tarif général.

Tarif spécial P.V. — N° 5.

CHEVAUX ET BESTIAUX.

Par wagon complet.

PRIX DE GARE EN GARE:

1° CHEVAUX, POULAINS, MULETS, ANES, BŒUFS, VACHES, TAUREAUX, GÉNISSES, VEAUX ET PORCS.

35 cent. par kilomètre et par wagon n'ayant pas plus de 12 mètres de surface intérieure.
50 cent. — — ayant plus de 12 mètres de surface intérieure.

2° MOUTONS & CHÈVRES.

35 cent. par kilomètre et par wagon à un plancher, quelles que soient les dimensions.
50 cent. par kilomètre et par wagon à deux planchers.

NOTA. — Les expéditions de chevaux et de bestiaux inférieures à un chargemont complet de wagon seront taxées au choix des expéditeurs, ou au prix du présent Tarif spécial comme wagon complet, ou au prix du Tarif général d'après le nombre de têtes transportées.

Les taxes seront calculées sur les distances d'application des Tarifs généraux de petite vitesse.

Date d'homologation : 10 juillet 1875.

PRIX PARTICULIERS.					
DÉSIGNATION des ANIMAUX.	POINTS DE Provenance.	POINTS DE Destinations.	DISTANCES de **Paris.**	PRIX par TÊTE.	OBSERVATIONS.
BŒUFS, VACHES ET TAUREAUX.	PARIS (La Chapelle)	BOULOGNE . . .	252	**10** »	Avec minimum de six têtes par wagon employé ou en payant pour ce nombre.
		CALAIS	296	**12** »	
		MOUSCRON . . .	265	**12** »	
		DUNKERQUE.. .	304	**12** »	

NOTA. — Les expéditions inférieures à 6 têtes seront taxées au choix des expéditeurs, ou aux prix particuliers ci-dessus calculés sur six têtes, ou au prix du Tarif général, d'après le nombre de têtes d'animaux transportés.

Les expéditions faites de ou pour une station non-dénommée comprise entre Paris et Mouscron, Boulogne, Calais ou Dunkerque, jouiront du bénéfice des prix ci-dessus en payant pour la distance entière depuis Paris (La Chapelle), jusqu'à la première station dénommée située après le lieu de destination si la taxe, ainsi calculée, est plus avantageuse pour l'expéditeur que celle des Tarifs généraux et spéciaux de la Compagnie.

CONDITIONS.

I. Les expéditeurs sont tenus de prévenir vingt-quatre heures à l'avance les gares de départ, du nombre et de la nature des animaux qu'ils ont à faire transporter.

Nonobstant cet avis, la Compagnie ne pourra être tenue de fournir aux expéditeurs d'autres wagons que ceux qui seront disponibles à la gare de départ au moment de l'embarquement.

II. Il leur sera loisible de charger dans un wagon, le nombre de têtes que bon leur semblera au-delà du nombre ci-après fixé :

5 bœufs, vaches, taureaux, chevaux, mulets, ânes, poulains, génisses.
14 veaux ou porcs.
25 moutons, brebis, agneaux et chèvres.

Mais la Compagnie sera affranchie de toute responsabilité pour les risques et périls qui pourraient résulter, en cours de transport, de cet excédant de chargement.

III. Le chargement des animaux dans les wagons et le déchargemen à l'arrivée, auront lieu par les soins et sous l'entière responsabilité des expéditeurs, qui doivent également donner à leurs bestiaux, pendant le cours du transport, les soins nécessaires pour assurer leur conservation.

Les expéditeurs ou leurs agents seront admis, à cet effet, à voyager dans les mêmes trains que leurs animaux, jusqu'à concurrence d'une personne par wagon chargé.

En conséquence des places en nombre suffisant seront mises à la disposition des expéditeurs ou de leurs agents dans une voiture de 3e classe ajoutée au train de bestiaux, ou, à défaut, dans le fourgon du conducteur du train.

La gratuité est accordée, à l'aller seulement, jusqu'à concurrence d'une personne pour deux wagons chargés d'animaux de grande ou de moyenne taille, en ce qui concerne les moutons et les chiens jusqu'à concurrence d'une personne par deux wagons à deux planchers et quatre wagons à un plancher.

En dehors des conditions ci-dessus, il est délivré des billets de 3e classe aux autres personnes accompagnant les animaux.

IV. En cas d'absence, à l'arrivée, de l'expéditeur ou de son représentant, il sera pourvu d'office au déchargement des wagons, et les animaux seront mis en fourrière aux frais de qui de droit.

Les frais de déchargement et de conduite à l'écurie sont, dans ce cas, calculés à raison de :

50 centimes par tête de cheval, poulain, mulet, âne, bœuf, vache, taureau, génisse.
20 centimes par tête de veau ou porc.
10 centimes par tête de mouton ou chèvre.

V. En cas de retard, la Compagnie n'est responsable du préjudice éprouvé par les expéditeurs que jusqu'à concurrence de tout ou partie du montant du prix de transport; les retenues seront calculées de la manière ci-après :

La Compagnie abandonnera le tiers du prix de transport, lorsque le retard sera de trois heures et demie.

Si le retard est de quatre heures et demie, l'indemnité sera des deux tiers du prix de transport.

Si le retard excède cinq heures et demie, l'indemnité sera de la totalité du prix de transport.

Néanmoins les droits des expéditeurs sont réservés et ils pourront exercer tout recours contre la Compagnie dans le cas où le retard excéderait vingt-quatre heures.

VI. Les transports faisant l'objet du présent tarif seront effectués dans des wagons ordinaires à bestiaux. Les expéditeurs de chevaux ne pourront exiger des wagons-écuries à compartiments pour le transport par petite vitesse, ce matériel devant rester affecté au transport des chevaux par les trains des voyageurs.

AVIS IMPORTANT.

Les prix du présent tarif ne seront appliqués qu'autant que l'expéditeur en aura fait la demande expresse sur sa déclaration. A défaut de cette demande préalable, l'expédition sera taxée de droit aux prix et conditions du tarif général.

Tarif spécial P.V.—N° 6.

LAIT.

Par expédition d'au moins 5,000 kilogrammes.

DES STATIONS ci-après en destination de **Paris**	DISTANCES	PRIX par 1.000 kilog.		DES STATIONS ci-après en destination de **Paris**.	DISTANCES	PRIX par 1,000 kilog.	
Pontoise.	28	5	»	Beauvais.	88	13	»
St-Ouen-l'Aumône . . .	28	6	»	Saint-Paul.	95	14	»
Auvers-Méry	34	7	»	La Chapelle-aux-Pots . .	104	15	»
Isle-Adam	40	8	»	Saint-Germer	110	15	»
Beaumont	47	9	»	Gournay.	115	15	»
Boran	53	9	50	Pont-Sainte-Maxence. . .	62	11	50
Précy.	58	9	50	Verberie.	72	13	»
Saint-Leu	57	9	50	Ribécourt	97	15	»
Creil	51	9	50	Liancourt-sous-Clermont .	58	10	50
Cires-lès-Mello	60	10	50	Clermont	66	11	»
Mouy-Bury	66	11	»	Saint-Just	80	13	»
Hermes-Berthecourt . . .	74	12	»	Breteuil.	95	15	»
				Ailly-sur-Noye	111	16	»

Les prix ci-dessus comprennent les frais de gare, de chargement et de déchargement, à l'exception du prix de Pontoise.

Les expéditions DE ou POUR une station non dénommée ci-dessus, comprise entre deux stations dénommées, jouiront du bénéfice du présent tarif spécial en payant pour la distance entière, depuis la dernière station dénommée, située avant le lieu de départ jusqu'à la première station dénommée, située après le lieu de destination, si la taxe, ainsi calculée, est plus avantageuse pour les expéditeurs que celle du tarif général.

CONDITIONS.

I. Les prix du présent tarif ne sont applicables qu'aux expéditions d'au moins 5,000 kilogrammes.

II. Les expéditions seront effectuées par un train régulièrement affecté aux transports de lait, qui arrivera à la gare de Paris vers deux heures du matin. Le lait destiné à être expédié par ce train devra être déposé à la gare de départ une heure avant son passage.

Date d'homologation : 10 juillet 1875.

III. En cas de retard non justifié par un cas de force majeure, accident, neige ou verglas, la Compagnie n'est responsable du préjudice éprouvé par les expéditeurs ou les destinataires, que jusqu'à concurrence du prix de transport, et les retenues seront calculées de la manière ci-après.

Il sera fait une réduction du tiers sur le prix de transport pour un retard de plus d'une heure ; des deux tiers pour un retard de plus de deux heures, et la Compagnie abandonnera la totalité de son prix de transport, pour un retard de plus de trois heures d'après l'heure d'arrivée réglementaire.

Néanmoins, les droits des expéditeurs sont réservés et ils pourront exercer tout recours contre la Compagnie. dans le cas où le retard dans l'arrivée du train excéderait douze heures.

IV. Les poteries ayant contenu le lait seront transportées gratuitement au retour.

V. Toute expédition inférieure à 5,000 kilogrammes sera taxée, au choix de l'expéditeur, au prix de ce tarif calculé sur un poids minimum de 5,000 kilogrammes, ou au prix du tarif ordinaire calculé sur le poids réel de l'expédition ; mais, dans ce dernier cas, le retour des pots vides sera payé.

VI. Les expéditeurs seront tenus, d'ailleurs, de se conformer exactement à tous les règlements et ordres de service de la Compagnie, ainsi qu'à celles des conditions du tarif général qui ne se trouvent pas modifiées par le présent tarif.

AVIS IMPORTANT.

Les prix du présent tarif ne seront appliqués qu'autant que l'expéditeur en aura fait la demande expresse sur sa déclaration. A défaut de cette demande préalable, l'expédition sera taxée de droit aux prix et conditions du tarif général.

Tarif spécial P.V. — N° 7.

PIERRES DE TAILLE BRUTES, MOELLONS ET PIERRES MEULIÈRES.

§ 1er — PIERRES DE TAILLE BRUTES.

Par expédition d'au moins 5,000 *kilogrammes.*

PRIX DE GARE EN GARE.

6e Série du Tarif général,

Avec maximum de 10 francs par tonne (frais accessoires non compris).

Prix spéciaux en destination de PARIS (LA CHAPELLE).

STATIONS DE DÉPART.	DISTANCES.	PRIX PAR 1,000 KILOGRAMMES, non compris les frais de chargement, de déchargement et de gare.
Nanteuil-le-Haudoin	47	2 90
Ormoy	54	3 30
Crépy-en-Valois	60	3 60
Vaumoise	67	3 70
Villers-Cotterets	76	3 80
Longpont	88	4 40
Vierzy	93	4 65
Berzy	99	5 »
Soissons	103	5 15
Crouy	108	5 40
Margival	113	5 65
Anizy-Pinon	121	6 05
Chailvet-Urcel	129	6 45
Laon	139	6 95

Date d'homologation : 10 juillet 1875.

Prix spéciaux en destination de PARIS (La Chapelle), d'ARGENTEUIL et des gares intermédiaires.

STATIONS DE DÉPART.	DISTANCES de Paris-La Chapelle	DISTANCES d'Argenteuil.	PRIX PAR 1,000 KILOGRAMMES, non compris les frais de chargement de déchargement et de gare.
Saint-Leu.	56	50	3 20
Creil.	49	57	3 »
Cramoisy.	55	62	3 40
Cires-lès-Mello.	58	66	3 60
Mouy-Bury.	65	73	4 05
Pont-Ste-Maxence.	61	68	4 »
Ribécourt.	96	103	4 80
Liancourt-s-Clermont.	57	64	3 50
Clermont.	64	72	4 30

NOTA. — Les prix ci-dessus sont également applicables à Enghien et Ermont.

PRIX MAXIMUM

STATIONS DE DÉPART.	STATIONS DE DESTINATION.	PRIX DE TRANSPORT.
PARIS (La Chapelle), LE BOURGET, ARGENTEUIL, SENLIS, BEAUVAIS.	Anor, — Quévy, — Erquelinnes Boulogne, — Calais, — Quiévrain, — Baisieux, — Mouscron, — Bailleul, — St-Omer, — Dunkerque.	6e série du tarif général avec maximum de 8 fr. par tonne, frais de gare compris.

§ 2. — MOELLONS ET PIERRES MEULIÈRES.

Par wagon complet d'au moins 9,500 *kilogrammes.*

PRIX DE GARE EN GARE.

Prix du Barème du Tarif spécial P. V. No 12 (Voir page No 51).

Avec maximum de 6 fr. 60 c. par tonne (frais de manutention non compris), pour les expéditions faites dans le sens de Paris vers le Nord.

NOTA. — Les expéditions DE ou POUR une station non dénommée ci-dessus, comprise entre deux stations dénommées jouiront du bénéfice du présent tarif spécial en payant pour la distance entière, depuis la dernière station dénommée située avant le lieu de départ jusqu'à la première station dénommée, située après le lieu de destination, si la taxe ainsi calculée, est plus avantageuse pour les expéditeurs que celle du tarif général.

FRAIS DE MANUTENTION.

Les frais de manutention sont calculés de la manière suivante :

1° Les frais de gare, soit 20 cent. par tonne au départ et 20 cent. à l'arrivée, sont perçus dans tous les cas, conformément au Tarif général.

2° Si le chargement ou le déchargement est fait par les agents de la Compagnie, il est perçu, en sus des frais de gare, 30 cent. par tonne pour chaque opération.

3° Si, pour le chargement ou le déchargement des pierres, les expéditeurs ou les destinataires emploient les engins de la Compagnie, il sera perçu, en sus des frais de gare, 15 cent. par tonne pour chaque opération.

CONDITIONS.

I. Les expéditions de pierres de taille brutes inférieures à 5,000 kilogrammes et les expéditions de moellons et pierres meulières par wagon de moins de 9,500 kilogrammes restent soumises aux prix et conditions du tarif général, à moins que l'expéditeur n'ait avantage à payer une taxe calculée sur le poids minimum ci-dessus fixé pour chaque nature de marchandise, d'après le prix du présent tarif spécial.

II. Les prix de transport indiqués ci-dessus seront appliqués sans augmentation pour les pièces pesant de 5,000 à 10,000 kilog.

III. Le chargement et le déchargement des pierres pesant plus de 3,000 kilog. seront faits par les soins de l'expéditeur et du destinataire, et à leurs frais, risques et périls.

IV. La Compagnie se réserve le droit de prolonger, à sa volonté de cinq jours au-delà des délais réglémentaires pour le transport des marchandises à petite vitesse, la durée des transports faisant l'objet de ce Tarif.

V. Elle sera exonérée de toute responsabilité pour les avaries et déchets de route.

VI. Les wagons doivent être complétement déchargés dans la journée du lendemain de la mise à la poste de la lettre d'avis adressée par la Compagnie au destinataire; passé ce délai, la Compagnie pourra, à son choix, ou faire le déchargement et percevoir le prix fixé ci-dessus pour cette opération, sans préjudice des droits ordinaires de magasinage pour la marchandise déchargée, à compter de l'expiration du délai ci-dessus fixé, ou laisser la marchandise sur le wagon, en percevant un droit de stationnement de 10 fr. par wagon et par jour de retard, quelle que soit la contenance du wagon.

Toutefois, ces frais ne seront perçus que le surlendemain de la mise à la poste de la lettre d'avis, lorsque le destinataire résidera dans une commune qui ne possède pas de bureau de poste.

VII. Il sera fait une expédition distincte par chaque wagon.

Les déclarations d'expédition devront en conséquence être fractionnées, autant que possible, par wagon, et, dans tous les cas, ne pas porter un poids supérieur à 10,000 kilogrammes.

Par exception, cette mesure ne sera pas appliquée aux expéditions faites à l'intérieur du réseau du Nord sur des parcours inférieurs à 100 kilomètres.

VIII. Les expéditeurs seront tenus, d'ailleurs, de se conformer exactement à tous les règlements et ordres de service de la Compagnie, ainsi qu'à celles des conditions du tarif général qui ne se trouvent pas modifiée par le présent Tarif.

AVIS IMPORTANT.

Les prix du présent Tarif ne seront appliqués qu'autant que l'expéditeur en aura fait la demande expresse sur sa déclaration. A défaut de cette demande préalable, l'expédition sera taxée de droit aux prix et conditions du Tarif général.

Tarif spécial P.V. — N° 8.

BOUTEILLES VIDES EN CAGES, CADRES OU HARASSES,
BOUTEILLES VIDES EN VRAC, VERRES A VITRES EN CAISSES,
DALLES EN VERRE BRUT ET CLOCHES POUR JARDIN.

Par expédition d'au moins 5,000 *kilogrammes*

PRIX DE GARE EN GARE :

§ I. 6e série du Tarif général, avec les maximâ ci-après :

Pour les bouteilles vides	11fr. »	par tonne
Pour les verres à vitres, les dalles en verre brut et les cloches pour jardins.	12 50	id.

Les prix de 11 fr. et de 12 fr. 50 c. comprennent les frais de gare au départ et à l'arrivée. Le chargement et le déchargement seront faits par les expediteurs et les destinataires. Si, pour ces opérations, il est fait usage des engins de la Compagnie, il sera perçu un droit de 15 centimes par tonne pour chaque opération. Dans le cas où l'une de ces opérations serait faite par la Compagnie, elle lui serait payée 0.30 cent. par 1,000 kilog.

Pour les expéditions de BOUTEILLES VIDES faites en CAGES, CADRES ou HARASSES, l'application de la taxe aura lieu sur le poids brut, réduit de 10 p. 100 à raison de la tare.

Date d'homologation : 10 juillet 1875.

CONDITIONS.

I. Les prix du présent tarif ne sont applicables qu'aux expéditions d'au moins 5,000 kilog.

Les expéditions inférieures à 5,000 kil. restent soumises aux prix et conditions du tarif général, à moins qu'il n'y ait avantage pour l'expéditeur à payer une taxe calculée sur 5,000 kil. au prix du présent tarif spécial.

II. La Compagnie sera exonérée de toute responsabilité pour les avaries et déchets de route.

III. Elle se réserve le droit de prolonger, à sa volonté, de cinq jours au-delà des délais réglementaires pour le transport des marchandises à petite vitesse, la durée des transports faisant l'objet de ce tarif.

IV. Il sera fait une expédition distincte par chaque wagon.

Les déclarations d'expédition devront en conséquence être franctionnées, autant que possible, par wagon, et, dans tous les cas, ne pas porter un poids supérieur à 10,000 kilogrammes.

Par exception, cette mesure ne sera pas appliquée aux expéditions faites à l'intérieur du réseau du Nord, sur des parcours inférieurs à 100 kilomètres.

V. Les expéditeurs seront tenus d'ailleurs de se conformer exactement à tous les règlements et ordres de service de la Compagnie, ainsi qu'à celles des conditions du tarif général qui ne se trouvent pas modifiées par le présent Tarif.

AVIS IMPORTANT.

Les prix du présent tarif ne seront appliqués qu'autant que l'expéditeur en aura fait la demande expresse sur sa déclaration. A défaut de cette demande préalable, l'expédition sera taxée de droit aux prix et conditions du tarif général.

Tarif spécial P.V. — N° 9.

BOIS

Par expédition d'au moins 5,000 *kilogrammes.*

1re Catégorie. — **Bois en grume, Mâts, Perches et Poteaux** dont la longueur excède 6 mètres 50.

PRIX DE GARE EN GARE :

1° **5e Série des Tarifs Généraux ;**

2° **Prix particuliers :**

STATIONS DE DÉPART.	STATIONS DE DESTINATION.	DISTANCES	PRIX PAR 1,000 KILOGRAMMES frais de gare compris.
Mitry-Claye	**PARIS** (**La Chapelle**)	26	2 40
Dammartin-Juilly	**PARIS** (**La Chapelle**)	33	3 »
Le Plessis-Belleville	**PARIS** (**La Chapelle**)	41	3 50
Nanteuil-le-Haudouin	**PARIS** (**La Chapelle**)	47	4 »
Ormoy	**PARIS** (**La Chapelle**)	54	4 60
Crépy-en-valois	**PARIS** (**La Chapelle**)	60	5 »
Vaumoise	**PARIS** (**La Chapelle**)	67	5 20
Villers-Cotterets	**PARIS** (**La Chapelle**)	76	5 60
Longpont	**PARIS** (**La Chapelle**)	88	6 70
Berzy	**PARIS** (**La Chapelle**)	99	7 50
Soissons	**PARIS** (**La Chapelle**)	103	7 75
Crouy	**PARIS** (**La Chapelle**)	108	8 20
Margival	**PARIS** (**La Chapelle**)	113	8 45
Anizy-Pinon	**PARIS** (**La Chapelle**)	121	9 05
Chailvet-Urcel	**PARIS** (**La Chapelle**)	129	9 55
Laon (*vià* Soissons)	**PARIS** (**La Chapelle**)	139	10 25
Hirson	**PARIS** (**La Chapelle**)	195	10 80
Crépy-Couvron (*vià* Tergnier)	**PARIS** (**La Chapelle**)	147	10 50
Senlis	**PARIS** (**La Chapelle**)	52	4 60
Senlis	**SEVRAN**	67	5 »

Nota. — Les expéditions en destination de Saint-Denis et Enghien, sont taxées en cousant, aux prix ci-dessus, la 5e série augmentée de 40 centimes pour frais de gare.

Les expéditions de ou pour une station non-dénommée ci-dessus, comprise entre deux stations dénommées, jouiront du bénéfice des prix indiqués ci-dessus, en payant pour la distance entière, depuis la dernière station dénommée située avant le lieu de départ, jusqu'à la première station dénommée située après le lieu de destination, si la taxe ainsi calculée est plus avantageuse pour les expéditeurs que celle du Tarif général.

Date d'homologation : 10 juillet 1875.

2e Catégorie. — **Bois en grume, mâts, perches et poteaux** dont la longueur n'excède pas 6 m. 50. — **Bois feuillard pour cercles et treillages. — Chevrons. — Clappes. — Coins en bois. — Douelles. — Douves. — Échalas. — Frises en chêne ou en sapin pour parquets. — Foudres démontés. — Fûts démontés. — Lattes. — Merrains. — Pipes (fûts) démontées. — Planches rabotées ou bouvetées. — Sciure de bois. — Tonneaux démontés. — Vieilles charpentes de démolitions.**

PRIX DE GARE EN GARE :

1° **6e Série des Tarifs généraux.**

2° **Prix particuliers :**

STATIONS DE DÉPART.	STATIONS DE DESTINATION.	DISTANCES.	PRIX PAR 1,000 KILOGRAMMES frais de gare compris.
Mitry-Claye	**PARIS** (**La Chapelle**)	26	2 10
Dammartin-Juilly		33	2 50
Le Plessis-Belleville		41	2 90
Nanteuil-le-Haudouin		47	3 30
Ormoy		54	3 70
Crépy-en-Valois		60	4 »
Vaumoise		67	4 10
Villers-Cotterets		76	4 20
Longpont		88	4 80
Berzy		99	5 40
Soissons		103	5 50
Crouy		108	5 80
Margival		113	6 »
Anizy-Pinon		121	6 40
Chailvet-Urcel		129	6 80
Laon (*via* Soissons)		139	7 30
Hirson		195	9 80
Crépy-Couvron (*via* Tergnier)		147	8 40
Senlis		52	3 70
Senlis	**SEVRAN**	67	4 10

Nota. — Les expéditions en destination de Saint-Denis et Enghien, sont taxées en cousant, aux prix ci-dessus, la 6e série augmentée de 0,40 cent. pour frais de gare.

Les expéditions de ou pour une station non dénommée ci-dessus, comprise entre deux stations dénommées, jouiront du bénéfice des prix indiqués ci-dessus, en payant pour la distance entière, depuis la dernière station dénommée située avant le lieu du départ, jusqu'à la première station dénommée située après le lieu de destination, si la taxe ainsi calculée est plus avantageuse pour les expéditeurs que celle du Tarif général.

3e Catégorie. — **Bois à brûler** (*dits* de corde). — **Bois de charpente équarris.** — **Bourrées.** — **Écorces à brûler.** — **Fagots.** — **Madriers.** — **Planches brutes.** — **Poutres et Poutrelles.** — **Racines à brûler.** — **Solives.** — **Souches à brûler.** — **Voliges.**

1° Prix du Barème ci-après

Calculés sur la distance d'application des Tarifs généraux *(Frais de gare compris)*.

Distances	PRIX.	Distances	PRIX.	Distances	PRIX.	Distances	PRIX.	Distances	PRIX.	Distances	PRIX.
kilom.											
6 à 10	1 »	46	3 20	82	5 10	118	6 50	154	8 »	190	9 10
11	1 10	47	3 20	83	5 10	119	6 60	155	8 »	191	9 10
12	1 10	48	3 30	84	5 20	120	6 60	156	8 »	192	9 20
13	1 20	49	3 30	85	5 20	121	6 60	157	8 10	193	9 20
14	1 20	50	3 40	86	5 20	122	6 70	158	8 10	194	9 20
15	1 30	51	3 50	87	5 30	123	6 70	159	8 20	195	9 20
16	1 40	52	3 50	88	5 30	124	6 80	160	8 20	196	9 30
17	1 40	53	3 60	89	5 40	125	6 80	161	8 20	197	9 30
18	1 50	54	3 60	90	5 40	126	6 80	162	8 30	198	9 30
19	1 50	55	3 70	91	5 40	127	6 90	163	8 30	199	9 40
20	1 60	56	3 80	92	5 50	128	6 90	164	8 30	200	9 40
21	1 70	57	3 80	93	5 50	129	7 »	165	8 30	201	9 40
22	1 70	58	3 90	94	5 60	130	7 »	166	8 40	202	9 50
23	1 80	59	3 90	95	5 60	131	7 »	167	8 40	203	9 50
24	1 80	60	4 »	96	5 60	132	7 10	168	8 40	204	9 50
25	1 90	61	4 10	97	5 70	133	7 10	169	8 50	205	9 50
26	2 »	62	4 10	98	5 70	134	7 20	170	8 50	206	9 60
27	2 »	63	4 20	99	5 80	135	7 20	171	8 50	207	9 60
28	2 10	64	4 20	100	5 80	136	7 20	172	8 60	208	9 60
29	2 10	65	4 30	101	5 80	137	7 30	173	8 60	209	9 70
30	2 20	66	4 40	102	5 90	138	7 30	174	8 60	210	9 70
31	2 30	67	4 40	103	5 90	139	7 40	175	8 60	211	9 70
32	2 30	68	4 50	104	6 »	140	7 40	176	8 70	212	9 80
33	2 40	69	4 50	105	6 »	141	7 40	177	8 70	213	9 80
34	2 40	70	4 60	106	6 »	142	7 50	178	8 70	214	9 80
35	2 50	71	4 60	107	6 10	143	7 50	179	8 80	215	9 80
36	2 60	72	4 70	108	6 10	144	7 60	180	8 80	216	9 90
37	2 60	73	4 70	109	6 20	145	7 60	181	8 80	217	9 90
38	2 70	74	4 80	110	6 20	146	7 60	182	8 90	218	9 90
39	2 70	75	4 80	111	6 20	147	7 70	183	8 90	219	10 »
40	2 80	76	4 80	112	6 30	148	7 70	184	8 90		
41	2 90	77	4 90	113	6 30	149	7 80	185	8 90	et au-delà.	
42	2 90	78	4 90	114	6 40	150	7 80	186	9 »		
43	3 »	79	5 »	115	6 40	151	7 80	187	9 »		
44	3 »	80	5 »	116	6 40	152	7 90	188	9 »		
45	3 10	81	5 »	117	6 50	153	7 90	189	9 10		

2° **Prix particuliers :**

STATIONS DE DÉPART.	STATIONS DE DESTINATION.	DISTANCES.	PRIX PAR 1,000 KILOGRAMMES frais de gare compris.
Vaumoise	PARIS (La Chapelle)	67	4 10
Villers-Cotterets	PARIS (La Chapelle)	76	4 20
Longpont	PARIS (La Chapelle)	88	4 80
Berzy	PARIS (La Chapelle)	99	5 40
Soissons	PARIS (La Chapelle)	103	5 50
Crouy	PARIS (La Chapelle)	108	5 80
Margival	PARIS (La Chapelle)	113	6 »
Anizy-Pinon	PARIS (La Chapelle)	121	6 40
Chailvet-Urcel	PARIS (La Chapelle)	129	6 80
Laon (*viâ* Soissons)	PARIS (La Chapelle)	139	7 30
Senlis	SEVRAN	67	4 10

Les expéditions DE ou POUR une station non dénommée ci-dessus, comprise entre deux stations dénommées, jouiront du bénéfice de ces prix particuliers, en payant pour la distance entière, depuis la dernière station dénommée située avant le lieu de départ, jusqu'à la première station dénommée située après le lieu de destination, si la taxe ainsi calculée est plus avantageuse pour les expéditeurs que celle du Barème d'autre part.

4° CATÉGORIE. — **Traverses pour chemins de fer.**

Prix du barême du Tarif spécial P. V, N° 12 *(Voir ci-après page* 51 *et prix particulier* § 2, *article V du même Tarif).*

PRIX PARTICULIER.

POINTS DE PROVENANCE.	POINTS DE DESTINATION.	PRIX PAR TONNE FRAIS DE GARE COMPRIS.
Paris (La Chapelle) Le Bourget Soissons Argenteuil Gournay Serqueux Jonction près Clères Rouen	Toutes les gares de la ligne pour lesquelles le barême donne un prix supérieur à 7 fr.	7 francs.

5e Catégorie. — 1° **Bois destinés aux houillères**, dont la longueur n'excède pas 4 m. 40. et chargés dans des wagons spécialement affectés au transport de la houille. Des diverses gares du Nord pour les points de provenance de la houille, mêmes prix que la houille en destination de ces gares. *(Voir le livret spécial.)*

2° **Bois destinés aux houillères**, dont la longueur excède 4 m. 40, 6e série du tarif général jusqu'à 130 kilomètres, avec maximum de 7 francs, au-delà de 130 kilomètres, prix du barême de la 3e catégorie.

CONDITIONS.

I. Les prix du présent tarif ne sont applicables qu'aux expéditions d'au moins 5,000 kilog. Les expéditions inférieures à 5,000 kil. restent soumises aux prix et conditions du tarif général, à moins que l'expéditeur n'ait avantage à payer une taxe calculée sur 5,000 kilog., d'après le prix du présent tarif spécial.

II. Le chargement et le déchargement seront faits par les soins et aux frais des expéditeurs et des destinataires.

Si, pour ces opérations, il est fait usage des engins de la Compagnie, il sera perçu, en sus des frais de gare, 0,15 c. par tonne pour chaque opération.

Toutefois pour les bois dont la longueur n'excède pas 6 m. 50, la Compagnie pourra consentir à faire elle-même le chargement après accord préalable avec l'expéditeur.

Si, à cause de la faible densité de la marchandise, l'expéditeur ne peut charger 5,000 kilog. sur un wagon, il est bien entendu que chaque wagon employé paiera pour 5,000 kil. à moins qu'il n'y ait avantage pour le commerce à taxer l'expédition aux prix et conditions du Tarif général.

Cette clause est également applicable dans le cas où la Compagnie, comme il est dit ci-dessus, ferait elle-même le chargement ; étant bien entendu d'ailleurs que l'expéditeur restera seul responsable vis-à-vis du destinataire à raison du poids plus ou moins considérable chargé sur wagon.

III. Lorsque la longueur des bois excédera 6 mètres 50, la taxe sera établie sur le poids réel de l'expédition, avec un minimum de 5,000 kilog. pour le premier wagon, et avec un supplément de 15 c. par kilomètre, pour chaque wagon en sus du premier, quelle que soit la longueur des wagons disponibles au moment de l'expédition. Ce supplément, qui est calculé sur la distance par rail, n'est point perçu lorsque le poids de l'expédition atteint 5,000 kil. par chaque wagon employé.

IV. Les prix sont augmentés de 50 pour 100 pour les pièces pesant de 5,000 à 1,000 kilogrammes.

V. Dans les gares où il n'y aura pas d'engins de force suffisante, le chargement et le déchargement devront être faits par les soins des expéditeurs et des destinataires, et à leurs frais, risques et périls.

Dans les autres gares, la Compagnie mettra ses engins à la disposition des expéditeurs et des destinataires moyennant 15 cent. par tonne, pour chaque opération, et le chargement et le déchargement seront faits par leurs soins, à leurs frais, risques et périls.

VI. La Compagnie n'accepte pas les bois dont la longueur excède 20 mètres, ni ceux dont la conformation serait de nature à gêner ou compromettre son service.

VII. Le transport des marchandises comprises au présent tarif aura lieu dans des wagons non bâchés, et la Compagnie sera exonérée de toute responsabilité pour les risques ou avaries pouvant résulter de ce transport. Si l'expédition demande un bâche pour couvrir le wagon, il paiera à la Compagnie une somme de 5 francs.

VIII. Il sera fait une expédition distincte par chaque wagon.

Les déclarations d'expéditions devront en conséquence être fractionnées autant que possible par wagon, et, dans tous les cas, ne pas porter un poids supérieur à 10,000 kilogrammes.

Par exception, cette mesure ne sera pas appliquée aux expéditions faites à l'intérieur du réseau du Nord, sur des parcours inférieurs à 100 kilomètres.

IX. Ce Tarif spécial est fait à la condition formelle que le délai ordinaire pour l'expédition et le transport des marchandises pourra être dépassé de cinq jours, sans que, pour ce surcroit de délai, la Compagnie soit soumise à aucune indemnité.

X. Les expéditeurs seront tenus, d'ailleurs, de se conformer exactement à tous les règlements et ordres de service de la Compagnie, ainsi qu'à celle des conditions du tarif général qui ne se trouvent pas modifiées par le présent tarif.

AVIS IMPORTANT.

Les prix du présent Tarif ne seront appliqués qu'autant que l'expéditeur en aura fait la demande expresse sur sa déclaration. A défaut de cette demande préalable, l'expédition sera taxée de droit aux prix et conditions du Tarif général.

Tarif spécial P.V. — N° 10.

MINERAI DE FER, PYRITES, CASTINE,

Par wagon complet de 10,000 kilogrammes.

PRIX PAR 1,000 KILOGRAMMES, DE GARE EN GARE,

STATIONS DE DÉPART.	STATIONS DE DESTINATION.	DISTANCES.	PRIX.
PARIS (La Chapelle) ou ARGENTEUIL	Toutes les gares de la ligne	Prix du barème du Tarif spécial P. V. N° 12, avec maximum de 7 fr. par tonne.	
HIRSON et FRONTIÈRE PRÈS ANOR	Aulnoye	40	2 »
	Jeumont	64	2 50
	Lourches	103	3 45
	Valenciennes	75	2 65
QUÉVY	Hautmont	11	» 90
	Gare des Usines	10	» 80
	Maubeuge	11	» 90
ERQUELINNES	Creil	190	6 »
	Aulnoye	25	1 50
	Hautmont	17	1 »
	Maubeuge	12	1 »
ROUEN	Somain	222	7 »
BOULOGNE	Creil	204	6 »
	Lourches	198	6 »
	Landrecies	259	7 80
	Aulnoye	245	7 30
	Hautmont	253	7 60
	Maubeuge	258	7 70
	Amiens	123	4 »
	Marquise-Rinxent	18	1 10
	Somain	190	6 »
	Valenciennes	210	6 50
CALAIS	Lourches	160	4 60
	Landrecies	221	6 60
	Aulnoye	207	6 20
	Hautmont	215	6 40
	Maubeuge	220	6 60
	Amiens	167	5 40
	Somain	152	4 60
	Valenciennes	172	5 20
DUNKERQUE	Lourches	138	4 »
	Landrecies	200	6 »
	Aulnoye	186	6 »
	Hautmont	194	6 »
	Maubeuge	198	6 »
	Amiens	181	6 »
	Béthune	75	2 70
	Somain	131	4 »
	Valenciennes	151	4 60
	Lille	86	3 »
Pour tous les autres parcours autres que ceux indiqués ci-dessus		Prix du barème du Tarif spécial P. V. N° 12.	

Les prix ci-dessus comprennent les frais de gare au départ et à l'arrivée. Le chargement ou le déchargement seront faits par les expéditeurs et les destinataires. Dans le cas où l'une de ces opérations serait faite par la Compagnie, elle lui serait payée 30 c. par 1,000 kilog.

NOTA. — Les expéditions DE ou POUR une station non dénommée ci-dessus, comprise entre deux stations dénommées, jouiront du bénéfice du présent Tarif spécial, en payant, pour la distance entière, depuis la dernière station dénommée située avant le lieu de départ, jusqu'à la première station dénommée située après le lieu de destination, si la taxe ainsi calculée est plus avantageuse pour les expéditeurs que celle du Tarif général ou du Tarif spécial P. V. N° 12.

Date d'homologation : 10 juillet 1875.

CONDITIONS.

I. Ce tarif n'est applicable qu'aux expéditions faites par wagon chargé de 10,000 kilogrammes.

Néanmoins, les wagons chargés de 9.500 à 10,000 kilogrammes, seront taxés sur le poids réel.

Les wagons chargés d'au moins 5,000 kilogrammes et n'atteignant pas 9,500 kilogrammes sont taxés sur le poids réel au prix de la 6e série des Tarifs généraux, à moins que l'expéditeur n'ait avantage à payer pour 9,500 kilogrammes au prix du présent Tarif.

Dans tous les cas, l'expédition entière est régie par les conditions du Tarif spécial.

II. La Compagnie ne répond pas des déchets de route.

III. La Compagnie se réserve le droit de dépasser, de quinze jours au maximum, les délais ordinaires de transport, sans être passible d'aucune retenue ou indemnité pour retard dans la livraison de la marchandise.

IV. Il sera fait une expédition distincte pour chaque wagon.

Les déclarations d'expédition devront en conséquence être fractionnées, autant que possible, par wagon, et, dans tous les cas, ne pas porter un poids supérieur à 10,000 kilogrammes.

Par exception, cette mesure ne sera pas appliquée aux expéditions faites à l'intérieur du réseau du Nord sur des parcours inférieurs à 100 kilomètres.

V. Les expéditeurs seront tenus, d'ailleurs, de se conformer exactement à tous les règlements et ordres de service de la Compagnie, ainsi qu'à celles des conditions du Tarif général qui ne se trouvent pas modifiées par le présent Tarif.

AVIS IMPORTANT.

Les prix du présent Tarif ne seront appliqués qu'autant que l'expéditeur en aura fait la demande expresse sur sa déclaration. A défaut de cette demande préalable, l'expédition sera taxée de droit aux prix et conditions du Tarif général.

Tarif spécial P.V. — N° 11.

HOUILLE ET COKE.

(*Voir, pour ce Tarif, le Livret spécial.*)

Tarif spécial P.V. — N° 12.

ARGILE, — BRIQUES. — CAILLOUX, — CALCAIRE BROYÉ, — COKE DE GAZ, — ESCARBILLES, — GRAVIER, — LIGNITE, — PAVÉS, — PAVÉS ARTIFICIELS, — PIERRES A CHAUX, — PIERRES A MACADAM, — QUARTZ, — SABLE, — SCORIES OU RÉSIDUS D'USINES MÉTALLURGIQUES, — TERRES KAOLINIQUES, — TERRES RÉFRACTAIRES ET A POTERIES, TOURBES (1),

Par wagon complet de 10,000 *kilogrammes.*

§ 1er — BARÈME DES PRIX DE TRANSPORT

(Frais de gare compris).

DISTANCES.	PRIX.	DISTANCES.	PRIX.	DISTANCES.	PRIX.	DISTANCES.	PRIX.	DISTANCES.	PRIX.	DISTANCES.	PRIX.
1	» 80	21	1 60	41	2 50	61	3 70	81	4 60	101	5 20
2	» 80	22	1 60	42	2 50	62	3 70	82	4 70	102	5 30
3	» 80	23	1 60	43	2 60	63	3 80	83	4 70	103	5 30
4	» 80	24	1 60	44	2 60	64	3 80	84	4 70	104	5 30
5	» 80	25	1 70	45	2 70	65	3 90	85	4 70	105	5 30
6	» 80	26	1 70	46	2 80	66	4 »	86	4 80	106	5 40
7	» 90	27	1 70	47	2 80	67	4 »	87	4 80	107	5 40
8	1 »	28	1 70	48	2 90	68	4 10	88	4 80	108	5 40
9	1 »	29	1 70	49	2 90	69	4 10	89	4 90	109	5 50
10	1 »	30	1 80	50	3 »	70	4 20	90	4 90	110	5 50
11	1 10	31	1 90	51	3 10	71	4 30	91	4 90	111	5 50
12	1 10	32	1 90	52	3 10	72	4 30	92	5 »	112	5 60
13	1 20	33	2 »	53	3 20	73	4 40	93	5 »	113	5 60
14	1 20	34	2 »	54	3 20	74	4 40	94	5 »	114	5 60
15	1 30	35	2 10	55	3 30	75	4 40	95	5 »	115	5 60
16	1 40	36	2 20	56	3 40	76	4 50	96	5 10	116	5 70
17	1 40	37	2 20	57	3 40	77	4 50	97	5 10	117	5 70
18	1 50	38	2 30	58	3 50	78	4 50	98	5 10	118	5 70
19	1 50	39	2 30	59	3 50	79	4 60	99	5 20	119	5 80
20	1 60	40	2 40	60	3 60	80	4 60	100	5 20	120	5 80

(1) Pour cette marchandise, le poids minimum du wagon complet est fixé à 6,000 kilog.

Date d'homologation : 10 juillet 1875.

DISTANCES.	PRIX.	DISTANCES.	PRIX.	DISTANCES.	PRIX.	DISTANCES.	PRIX.	DISTANCES.	PRIX.	DISTANCES.	PRIX.
121	5 80	145	6 50	169	7 30	192	8 »	216	8 70	240	9 40
122	5 90	146	6 60	170	7 30	193	8 »	217	8 70		
123	5 90	147	6 60			194	8 »	218	8 70	241	9 40
124	5 90	148	6 60	171	7 30	195	8 »	219	8 80	242	9 50
125	5 90	149	6 70	172	7 40	196	8 10	220	8 80	243	9 50
126	6 »	150	6 70	173	7 40	197	8 10			244	9 50
127	6 »			174	7 40	198	8 10	221	8 80	245	9 50
128	6 »	151	6 70	175	7 40	199	8 20	222	8 90	246	9 60
129	6 10	152	6 80	176	7 50	200	8 20	223	8 90	247	9 60
130	6 10	153	6 80	177	7 50			224	8 90	248	9 60
		154	6 80	178	7 50	201	8 20	225	8 90	249	9 70
131	6 10	155	6 80	179	7 60	202	8 30	226	9 »	250	9 70
132	6 20	156	6 90	180	7 60	203	8 30	227	9 »		
133	6 20	157	6 90			204	8 30	228	9 »	251	9 70
134	6 20	158	6 90	181	7 60	205	8 30	229	9 10	252	9 80
135	6 20	159	7 »	182	7 70	206	8 40	230	9 10	253	9 80
136	6 30	160	7 »	183	7 70	207	8 40			254	9 80
137	6 30			184	7 70	208	8 40	231	9 10	255	9 80
138	6 30	161	7 »	185	7 70	209	8 50	232	9 20	256	9 90
139	6 40	162	7 10	186	7 80	210	8 50	233	9 20	257	9 90
140	6 40	163	7 10	187	7 80			234	9 20	258	9 90
		164	7 10	188	7 80	211	8 50	235	9 20	259	10 »
141	6 40	165	7 10	189	7 90	212	8 60	236	9 30	260	10 »
142	6 50	166	7 20	190	7 90	213	8 60	237	9 30		
143	6 50	167	7 20			214	8 60	238	9 30	261	10 »
144	6 50	168	7 20	191	7 90	215	8 60	239	9 40	AU-DELA	10 »

NOTA. — La taxe sera établie sur les distances réelles par rail, sans qu'elle puisse être supérieure ou égale à celle qu'il résulterait de la perception du tarif général d'après les distances d'application.

§ 2. — PRIX PARTICULIERS.

NATURE des MARCHANDISES.	POINTS DE PROVENANCE.	POINTS DE DESTINATION.	DISTANCES.	PRIX par tonne frais de gare compris.
I. **Coke de gaz.** Par wagon complet de 7,000 kil. ou payant pour ce poids, expédié dans la direction du Nord.	PARIS (LA CHAPELLE) .	Toutes les gares de la ligne.	Prix du barême avec minimum de 5 fr. par tonne.	
II. **Pavés, Pierres à macadam, Escarbilles.**	Au départ des gares figurant comme point d'expédition dans le tarif spécial de la houille et du coke, *et lorsque la distance à parcourir sera de 30 kilomètres au moins*, ce sont les prix de ce tarif spécial qui seront appliqués toutes les fois qu'ils seront inférieurs à ceux résultant de l'application du barême ci-contre.			
III. **Sable.**	PARIS (LA CHAPELLE). .	Abancourt.	180	6 »
		Longpré.	158	6 »
	SOISSONS.	Chauny.	71	3 95
		Somain.	165	6 »
	LAON.	Landrecies.	99	4 75
		Somain.	129	5 »
	SENLIS	Abancourt.	153	5 30
		Formerie	158	5 30
		Hénin-Liétard . . .	192	5 80
		Somain	201	5 50
	CREIL.	Valenciennes. . . .	200	5 90
		Hénin-Liétard . . .	171	5 30
		Somain.	180	5 30
	BEAUVAIS	Abancourt.	169	5 30
		Formerie	174	5 30
		Hénin-Liétard . . .	208	5 80
	PONT-STE-MAXENCE. .	Hénin-Liétard . . .	182	5 80
	COMPIÈGNE	Abancourt.	165	5 30
		Formerie	170	5 30
	CRÊPY-COUVRON. . .	Hénin-Liétard	150	5 75
		Somain	119	4 75
	ERQUELINNES. . . .	Hautmont	17	1 »
IV. **Sable et Gravier,** Par train de 140 tonnes.	SAINT-OMER.	Toutes les gares de la ligne	»	7 50 par kil. et par train.
	GARAGE D'OSTRICOURT.	Lille (St-Sauveur). .	25	1 20 par tonne frais de gare compris.
		Fives (1).	23	1 » par tonne frais de gare compris.
		Roubaix (1).	33	1 40 par tonne frais de gare compris.
		Tourcoing (1). . . .	35	1 60 par tonne frais de gare compris.
	ID.	Les autres gares du réseau	»	7 50 par kil. et par train.

Le chargement et le déchargement doivent être faits par les expéditeurs et les destinataires, dans un délai qui ne peut excéder deux heures par opération.

La Compagnie ne peut être tenue de faire ces trains que quand son service le lui permet. Le jour et l'heure sont déterminés d'avance avec les intéressés.

(1) Lorsque le déchargement aura lieu sur les voies banales de la gare, les prix seront augmentés de 0.20 c. par tonne.

NATURE des MARCHANDISES.	POINTS DE PROVENANCE.	POINTS DE DESTINATION.	DISTANCES.	PRIX par tonne, frais de gare compris.
V. **Scories ou Résidus d'usines métallurgiques.**	CREIL.	Maubeuge.	179	4 85
		Boulogne	204	
VI. **Terres réfractaires.**	BEAUVAIS & SERQUEUX.	Hénin-Liétard . . .	188	6 50
		Somain.	197	
	ERQUELINNES, . . .	Paris (La Chapelle). .	239	7 40
VII. **Toutes les marchandises dénommées au tarif, expédiées dans la direction du Nord.**	PARIS (LA CHAPELLE). . LE BOURGET. . . . . SOISSONS. . . . . . . ARGENTEUIL. . . . . GOURNAY. . . . . . . SERQUEUX . . . . . . JONCTION PRÈS CLÈRES. ROUEN	Toutes les gares de la ligne pour lesquelles le barême donne un prix supérieur à 7 fr.	»	7 »

NOTA. — Les expéditions DE OU POUR une station non dénommée ci-dessus, comprise entre deux stations dénommées, jouiront du bénéfice du présent tarif spécial en payant pour la distance entière, depuis la dernière station dénommée, située avant le lieu de départ jusqu'à la première station dénommée, située après le lieu de destination, si la taxe, ainsi calculée, est plus avantageuse pour les expéditeurs que celle du tarif général.

CONDITIONS.

I. — Ce tarif n'est applicable (sauf pour le § 1 des prix particuliers) qu'aux expéditions faites par wagon chargé de 10,000 kilog. ; néanmoins, les wagons chargés de 9,500 à 10,000 kilog. sont taxés sur le poids réel.

Les wagons chargés d'au moins 5,000 kilog. et n'atteignant pas 9,500 kilog. sont taxés sur le poids réel au prix de la 6e série des Tarifs généraux ou de la série spéciale pour les marchandises qui se trouvent dénommées à cette série, à moins que l'expéditeur n'ait avantage à payer pour 9,500 kilog. aux prix du présent Tarif.

Dans tous les cas, l'expédition entière est régie par les conditions du tarif spécial.

II. — Le tarif comprend les frais de gare. Le chargement et le déchargement seront faits par les expéditeurs et les destinataires. Dans le cas où l'une de ces opérations devrait être faite par la Compagnie, il lui serait payé 0,30 c. par 1,000 kilog.

III. — Les wagons doivent être complètement déchargés dans la journée du lendemain de la mise à la poste de la lettre d'avis adressée par la Compagnie au destinataire ; passé ce délai il est perçu un droit de stationnement de 10 francs par wagon et par jour de retard ; étant d'ailleurs loisible à la Compagnie, passé ce même délai, de faire faire le déchargement par ses agents, en percevant les frais indiqués ci-dessus pour cette opération. La marchandise ainsi déchargée, sera soumise, à dater de la mise à terre, à un droit de magasinage fixé comme suit :

5 centimes par fraction de 100 kilog. et par jour, pour les trois premiers jours ;
10 id. id. id. id. pour chaque jour en sus.

Toutefois, les prix ci-dessus fixés pour le magasinage des marchandises et le stationnement des wagons ne seront perçus que le sur surlendemain de la mise à la poste de la lettre d'avis, lorsque les destinataires résideront dans une commune qui ne possède pas de bureau de poste.

IV. — Les expéditions auront lieu dans des wagons non bâchés et la Compagnie sera exonérée de toute responsabilité pour les risques et avaries pouvant résulter de ce mode de transport. Si l'expéditeur demande une bâche pour couvrir le wagon, il paiera à la Compagnie une somme de 2 francs.

V. — Ce tarif spécial est fait à la condition formelle que le délai ordinaire pour l'expédition et le transport des marchandises pourra être dépassé de quinze jours, sans que, pour ce surcoît de délai, la Compagnie soit soumise à aucune indemnité.

VI. — Il sera fait une expédition distincte pour chaque wagon.

Les déclarations d'expédition devront en conséquence être fractionnées, autant que possible, par wagon, et, dans tous les cas, ne pas porter un poids supérieur à 10,000 kilogrammes.

Par exception, cette mesure ne sera pas appliquée aux expéditions faites à l'intérieur du réseau du Nord, sur des parcours inférieurs à 100 kilomètres.

VII. — L'application du présent tarif reste d'ailleurs soumise aux conditions des tarifs généraux en tout ce qui n'est pas contraire aux dispositions particulières qui précèdent.

AVIS IMPORTANT.

Les prix du présent tarif ne seront appliqués qu'autant que l'expéditeur en aura fait la demande expresse sur sa déclaration. A défaut de cette demande préalable, l'expédition sera taxée de droit aux prix et conditions du tarif général.

Tarif spécial P.V. — N° 13.

COTONS BRUTS, LAINE EN SUINT OU LAVÉE A DOS, PEAUX DE MOUTONS EN LAINE BRUTE, DÉCHETS DE LAINE.

PRIX PAR 1,000 KILOGRAMMES, *frais de chargement, de déchargement et de gare compris.*

POINTS DE DÉPART.	POINTS DE DESTINATION.	DISTANCES.	PAR EXPÉDITION d'au moins 1,000 kilogr.	PAR EXPÉDITION d'au moins 5,000 kilogr., ou payant pour ce poids.
§ 1er. COTONS BRUTS, LAINE EN SUINT OU LAVÉE A DOS, PEAUX DE MOUTONS EN LAINE BRUTE.				
JONCTION PRÈS CLÈRES	Laon	213	20 »	17 60
	Le Cateau	231	19 »	»
	Sains (via Busigny)	275	23 »	»
	Fourmies (viâ Laon)	283	23 »	»
	Pont-de-la-Deûle	202	16 30	»
	Tourcoing	242	19 »	»
ROUEN	Laon	224	20 »	17 60
	Le Cateau	241	20 »	»
	Sains (viâ Busigny)	286	24 »	»
	Fourmies (viâ Laon)	294	24 »	»
	Pont-de-la-Deûle	213	17 30	»
	Tourcoing	253	20 »	»
BOULOGNE	Laon	231	20 »	18 »
	Origny-en-Thiérache (viâ Laon)	282	22 »	18 »
	Hirson (viâ Valenciennes-Aulnoye)	286	20 »	18 »
	Saint-Quentin	211	20 »	15 »
	Le Cateau (viâ Ham)	248	20 »	15 50
	Fourmies	273	20 »	17 »
	Arras	173	13 80	11 90
	Pont-de-la-Deûle	172	11 90	»
	Tourcoing	156	9 30	»
CALAIS	Laon	274	20 »	18 »
	Crécy-Mortiers (viâ Ham-Laon)	289	22 »	18 »
	Marle (viâ Aulnoye-Valenciennes)	280	22 »	18 »
	Hirson	248	20 »	18 »
	Saint-Quentin	230	20 »	15 50
	Le Cateau (viâ Cambrai)	212	20 »	14 »
	Fourmies	235	20 »	15 50
	Pont-de-la-Deûle	134	8 30	»
	Tourcoing	118	7 25	»
DUNKERQUE	Laon (viâ Cambrai)	259	20 »	18 »
	Crécy-Mortiers (viâ Valenciennes-Aulnoye)	268	22 »	18 »
	Saint-Quentin	209	20 »	15 50
	Le Cateau (viâ Cambrai)	191	20 »	14 »
	Fourmies	213	20 »	15 50
	Pont-de-la-Deûle	113	8 30	»
	Tourcoing	96	7 25	»
	Hirson	226	20 »	18 »
§ 2. DÉCHETS DE LAINE.				
TOURCOING	Dunkerque	96	7 25	»

NOTA. — Les expéditions DE ou POUR une station non dénommée ci-dessus, comprise entre deux stations dénommées, jouiront du bénéfice du présent Tarif spécial en payant pour la distance entière, depuis la dernière station dénommée, située avant le lieu de départ jusqu'à la première station dénommée, située après le lieu de destination, si la taxe, ainsi calculée, est plus avantageuse pour les expéditeurs que celle du Tarif général.

Date d'homologation : 10 juillet 1875.

CONDITIONS.

I. La Compagnie se réserve le droit de prolonger, à sa volonté, de cinq jours au-delà des délais réglementaires pour les transports à petite vitesse, la durée des transports faisant l'objet de ce Tarif.

II. Elle est exonérée de toute responsabilité pour les avaries et déchets de route.

III. Les expéditeurs sont tenus, d'ailleurs, de se conformer à tous les règlements et ordres de service de la Compagnie, ainsi qu'à celles des conditions du Tarif général qui ne se trouvent pas modifiées par le présent Tarif.

AVIS IMPORTANT.

Les prix du présent Tarif ne seront appliqués qu'autant que l'expéditeur en aura fait la demande expresse sur sa déclaration. A défaut de cette demande préalable, l'expédition sera soumise de droit aux prix et conditions du Tarif général.

Tarif spécial P.V. — N° 14.

ANIMAUX, PRODUITS ET INSTRUMENTS
admis aux Concours agricoles,

ET PRODUITS ET OBJETS DIVERS
admis aux Expositions d'Horticulture et de l'Industrie.

Les Animaux, Produits et Instruments admis aux Concours agricoles, ainsi que les Produits et Objets divers (*tableaux et objets d'art exceptés*) admis aux Expositions d'horticulture et de l'industrie, sont ramenés gratuitement au point de départ, lorsque le transport a été effectué, à l'aller, par chemin de fer, aux prix pleins des Tarifs généraux et sans responsabilité de la Compagnie.

Ces expéditions au retour ne donnent lieu qu'à la perception des frais d'enregistrement et de timbre de récépissé, plus les frais ordinaires de chargement et de déchargement et de gare suivant le tarif général, sauf l'exception prévue ci-dessous pour les animaux.

CONDITIONS.

Le chargement des animaux dans les wagons et le déchargement à l'arrivée ont lieu par les soins et sous la responsabilité des expéditeurs et des destinataires. La Compagnie ne répond pas des accidents survenus aux animaux ni des avaries éprouvées par les instruments et produits dans les gares et en cours de transport, soit à l'aller soit au retour.

En conséquence, pour jouir de la gratuité du transport de leurs produits au retour, les expéditeurs devront représenter :

1° Le récépissé constatant qu'ils ont payé, à l'aller, le Tarif plein, et ont néanmoins déchargé la Compagnie de toute responsabilité.

2° Le bulletin d'admission, au Concours ou à l'Exposition, des animaux ou produits à réexpédier.

Les conditions du présent Tarif ne sont pas applicables :

1° Aux animaux d'une taille ou d'une dimension exceptionnelle, de même qu'à ceux qui, en raison de leur nature, doivent être chargés dans des wagons spéciaux;

2° Aux instruments, produits et objets divers d'une dimension ou poids exceptionnel.

Les conditions du Tarif ordinaire sont, dans ce cas, appliquées à ces expéditions.

Date d'homologation : 4 mai 1874.

Tarif spécial P.V. — N° 15.

OPÉRATIONS EN DOUANE.

La Compagnie se charge de remplir les formalités en douane, pour les expéditions de petite vitesse en provenance ou en destination de l'étranger, aux conditions suivantes :

	Fr.	C.
1° Il sera perçu pour les opérations et formalités de douane, déballage, pesée et réemballage de la marchandise :		
A. Par expédition de 100 kilogrammes et au-dessous	»	50
Par fraction indivisible de 100 kilogrammes excédant.	»	25
Avec un minimum de perception de 25 c. par colis, lorsque l'expédition se compose de colis de natures différentes.		
B. Par chargement de wagon complet de 5,000 à 10,000 kilog. de marchandise de même nature non sujette à la vérification détaillée.	2	50
Lorsque l'expédition se compose de plusieurs wagons, pour chaque wagon en sus du premier	1	»
C. Par chargement de wagon complet de 5,000 à 10,000 kilog. de pavés, chaux, briques, pierres brutes, sable, bois de charpente, ardoises, fonte brute, céréales, farines	1	»
Lorsque l'expédition se compose de plusieurs wagons, pour chaque wagon en sus du premier	»	50
D. Par chargement de wagon complet de 5,000 à 10,000 kilogrammes de houille, de coke et de minerai	»	50
Pour les excédants au-delà de 10,000 kilogrammes, par fraction indivisible de 1,000 kilog.	»	05

Il ne sera rien perçu pour les marchandises dont les formalités en douane seront remplies par les expéditeurs ou les destinataires dans les locaux du chemin de fer (*Voir ci-après pour le transit international sur la douane de Paris*).

Date d'homologation : 30 juin 1875.

Transit international sur la douane de Paris.

Les expéditions dirigées en transit international sur la douane de Paris et dont l'acquittement y est opéré par les destinataires eux-mêmes sont soumises, à leur arrivée à Paris, aux taxes suivantes :

Par expédition de 100 kilogrammes et au-dessous	» 25
Par fraction indivisible de 100 kilogr. excédant.	» 10

Sans que la taxe totale d'une expédition puisse dépasser 1 fr.

2° Toute expédition de marchandises adressées au bureau des Douanes et dont l'enlèvement n'aura pas eu lieu dans la journée du lendemain de la mise à la poste de la lettre d'avis d'arrivée, adressée au destinataire, sera soumise, passé ces délais, aux droits de magasinage suivants :

0 fr. 05 par fraction indivisible de 100 kilogrammes et par jour, pour les trois premiers jours, à partir de l'expiration du délai ci-dessus fixé ;

0 fr. 10 par fraction indivisible de 100 kilogrammes et par jour, pour chaque jour en sus.

Le minimum de perception est fixé à 10 centimes.

3° La Compagnie se charge de la prise et de la remise à domicile de ces marchandises au prix de son tarif spécial P. V. N° 16 (Voir ci-après, page 61).

NOTA. — Les marchandises sous régime de douane, dirigées sur le bureau de Paris, ne pouvant y stationner sans déclaration au-delà de dix jours, seront, après ce délai, conduites d'office à l'entrepôt des Marais.

Date d'homologation : 30 juin 1875.

Tarif spécial P.V. — N° 16.

CAMIONNAGE.

1° **DANS PARIS** (limité par l'enceinte fortifiée) (Voir renvoi 15 d'autre part).

§ 1er. — REMISE A DOMICILE.

1re Zone. — Sur la rive droite de la Seine, les arrondissements suivants :
1er, 2e, 3e, 4e (moins la cité et l'île Saint-Louis), 8e (moins la partie à l'ouest du boulevard Malesherbes), 9e, 10e, 11e, 12e (moins la partie au sud du boulevard Mazas); la partie des 18e et 19e arrondissements comprise entre le boulevard Ornano et la rue d'Allemagne, ces deux voies incluses.
Sur la rive gauche : l'entrepôt général du quai Saint-Bernard.

2e Zone. — Sur la rive droite : la partie du 8e arrondissement à l'ouest du boulevard Malesherbes, la partie du 12e arrondissement au sud du boulevard Mazas, les 16e et 17e arrondissements, la partie du 18e à l'ouest du boulevard Ornano, la partie du 19e à l'est de la rue d'Allemagne, le 20e arrondissement.
Toute la rive gauche, à l'exception de l'entrepôt général du quai Saint-Bernard.
L'île de la Cité et l'île Saint-Louis.

PRIX DE TRANSPORT.

DESIGNATION DES MARCHANDISES.		A PARTIR DE 1,500 KIL. PRIX par 1,000 kil. (1)	AU-DESSOUS DE 1.500 KIL. PRIX par 1,000 kil.	AU-DESSOUS DE 1.500 KIL. MAXIMUM de perception	DÉLAIS (jours fériés non compris).
		FR. C.	FR. C.	FR. C.	
1° Marchandises en général.					
Expédiées directement à domicile....	1re ZONE..	4 »	5 »	6 »	2 jours en sus des délais réglementaires fixés pour la livraison en gare.
	2e ZONE..	5 »	6 »	7 50	
Adressées en gare et camionnées sur l'ordre des intéressés.............	1re ZONE..	5 »	6 »	7 50	3 jours à partir de la réception de l'ordre de camionnage.
	2e ZONE..	6 »	7 »	9 »	
2° Grains.					
Expédiés directement à domicile.....	1re ZONE..	3 »	4 »	4 50	2 jours en sus des délais réglementaires fixés pour la livraison en gare.
	2e ZONE..	3 50	5 »	5 25	
Adressés en gare et camionnés sur l'ordre des intéressés.............	1re ZONE..	4 »	5 »	6 »	3 jours à partir de la réception de l'ordre de camionnage.
	2e ZONE..	4 50	6 »	6 75	
3° Farines.					
Expédiées directement à domicile....	1re ZONE..	2 50	4 »	3 75	2 jours en sus des délais réglementaires fixés pour la livraison en gare.
	2e ZONE..	3 »	5 »	4 50	
Adressées en gare et camionnées sur l'ordre des intéressés.............	1re ZONE..	3 50	5 »	5 25	3 jours à partir de la réception de l'ordre de camionnage.
	2e ZONE..	4 »	6 »	6 »	
4° Colis renfermant des eaux parfumées, essences, vernis et autres liquides soumis aux droits d'octroi, en flacons inférieurs à trois décilitres.		15 fr. par 1,000 kil.			2 jours en sus des délais réglementaires fixés pour la livraison en gare.

NOTA. — La taxe est perçue sur un minimum de poids de 100 kil., et au-dessus de 100 kil. par fraction indivisible de 10 kil.

(1) Ces prix ne sont pas applicables aux marchandises en harasses, cadres ou plateaux de 1,500 kil. et plus, dont le déballage est fait pièce par pièce sur le camion, à la porte des destinataires.

Date d'homologation : 10 juillet 1875.

§ **2. — TRANSPORT A LA GARE** *des articles remis par le public dans les bureaux de la Compagnie* (rue du Bouloi, 21, et rue Coquillière, 31) *pour être expédiés en petite vitesse sur les divers points du réseau du Nord.*

Prix par 1,000 kilog. ; 5 francs (applicable de 10 en 10 kilog).
Minimum de taxe : 50 centimes. — Délai ; un jour.

§ 3. — PRISE A DOMICILE.

Prix par 1,000 kilog. 6 francs (applicable de 10 en 10 kilog).
Minimum de taxe : 60 centimes. — Délai : deux jours.

2° DANS LES DÉPARTEMENTS.

PRISE ET REMISE A DOMICILE.

LOCALITÉS DESSERVIES.	PRIX par 1,000 kil. applicable de 10 en 10 kil.		MINIMUM de TAXE.		DÉLAIS EN JOURS.	LOCALITÉS DESSERVIES.	PRIX par 1,000 kil. applicable de 10 en 10 kil.		MINIMUM de TAXE.		DÉLAIS EN JOURS.
	FR.	C.	FR.	C.			FR.	C.	FR.	C.	
Abbeville	2	»	»	20	2	**Douai** (1-9)	2	»	»	20	2
Amiens	2	»	»	20	2	**Dunkerque**	2	»	»	30	2
Argenteuil { limites de l'octroi	3	»	»	30	2	Fourmies (10)	2	75	»	35	2
Argenteuil { dehors de l'octroi	4	»	»	50	2	Hazebrouck (1-2)	2	»	»	20	4
Armentières (1-2)	2	»	»	20	2	Laon (11)	4	»	»	40	2
Arras { ville intérieure (1-2)	2	»	»	25	2	Lens (12)	2	»	»	20	2
Arras { citad. et faub. (1-2)	4	»	»	60	2	**Lille** (nouvelle circonscrip).	3	50	»	50	2
Bailleul	2	»	»	20	2	Lillers	3	»	»	30	2
Beauvais (1-2)	2	»	»	30	2	Maubeuge { ville (13)	3	»	»	30	4
Bergues (3)	2	50	»	30	2	Maubeuge { banlieue (3)	10	»	»	50	4
Béthune (4)	2	»	»	25	2	Noyon	2	50	»	40	4
Bohain	3	»	»	30	2	Pontoise (1-14)	3	»	»	50	2
Boulogne { ville basse	2	»	»	20	2	**Rouen** (15)	3	»	»	40	2
Boulogne { ville haute	3	»	»	30	4	Roubaix { intérieur (1-16)	2	50	»	40	3
Calais (2)	2	»	»	30	2	Roubaix { hors de l'octroi (1-17)	3	»	»	50	3
Cambrai (1-5)	2	50	»	25	2	Saint Denis (18)	2	»	»	30	2
Câteau (Le)	2	50	»	25	2	**Saint-Omer**	2	»	»	20	2
Chauny (1)	2	»	»	20	2	Saint-Pierre-lès-Calais (2)	3	»	»	40	2
Clermont { ville (1-6)	3	»	»	30	2	Saint-Quentin (19)	2	50	»	40	2
Clermont { maison centrale (1-6)	4	»	»	40	2	Senlis	2	50	»	25	2
Compiègne (7-12)	2	»	»	20	2	Soissons	3	»	»	30	2
Corbie	3	»	»	60	2	Tourcoing (14)	2	»	»	40	3
Darnetal (1-8)	1	75	»	50	2	**Valenciennes**	2	»	»	30	2

(1) Double taxe pour les marchandises exigeant des soins particuliers et pesant moins de 200 kil. sous le volume d'un mètre cube.
(2) Double taxe pour les marchandises et liquides soumis aux droits indirects et d'octroi.
(3) Vins, la pièce, 1 fr.; la 1/2 pièce, 0 fr. 75 c.
(4) Vins, la pièce. 2 fr.; la 1/2 pièce ou le panier de plus de 60 kilog., 1 fr. 25.
(5) Vins, la pièce, 1 fr. 50; la 1/2 pièce, 1 fr. 25; le panier, 0 fr. 75.
(6) Toute fraction de 100 kilog. est taxée comme 100 kilog.
(7) Pour les marchandises autres que les liquides, soumises à l'impôt, 0 fr. 30 c. par 100 kilog., 2 fr. 50 par 1,000 kilog.
(8) Charbons, 1 fr. 30 les 1000 kilog.; bois en grume 5 fr.
(9) Vins, la pièce, 1 fr.; la 1/2 pièce ou le panier de plus de 60 kilog. 0 fr. 60 c.; le panier jusqu'à 60 kilog, 0 fr. 40. Double taxe pour les meubles et les glaces.
(10) Vins, la pièce, 1 fr. 50, la 1/2 pièce et le panier, 1 fr.
(11) Vins, la pièce, 2 fr.; la 1/2 pièce et le panier, 1 fr. 50.
(12) Vins, la pièce, 0 fr. 75 c.; la 1/2 pièce, 0 fr. 50 c.; le panier, 0 fr. 40.
(13) Pour les liquides soumis aux droits, 50 p. 0/0 en plus.
(14) Vins, la pièce, 1 fr. 25,; la 1/2 pièce, 0 fr. 75 c.
(15) Pour le camionnage de la houille et du coke dans Paris et ses environs, Rouen et ses environs, voir le tarif spécial P. V. N° 11.
(16) Vins, la pièce, 1 fr. 50; la 1/2 pièce, 0 fr. 75 c. Marchandises prise à domicile pour la gare, 3 fr. les 1,000 kilog
(17) Vins, la pièce, 3 fr.; la 1/2 pièce, 1 fr. 50.
(18) Vins en cercles : la pièce 1 fr.; la 1/2 pièce, 0 fr. 75 c. — Les paniers, caisses et barils de liquides, au poids, 4 fr. par 1.000 kilog. avec minimum de taxe de 50 c. — Les prix sont doublés pour tous les colis au-delà des fortifications du pont du Canal sur la route de Paris, pour la Briche, la Courneuve, l'île Saint-Denis et la Garenne. — Le passage du pont, pour ces deux derniers points, est à la charge du destinataire.
(19) Pour les liquides soumis aux droits, 4 fr. les 1,000 kilog.; minimum, 0 fr. 40.

NOTA. — Pour les autres stations et pour les localités desservies par correspondances, voir le livret spécial de camionnage et de réexpédition petite vitesse.

CONDITIONS GÉNÉRALES.

I. — Les taxes sont établies par fraction indivisible de 10 kilogr.

II. — Sont taxées moitié en sus des prix indiqués au présent tarif les marchandises dont la nomenclature suit ; Marchandises emballées ne pesant pas 200 kilogr. sous le volume d'un mètre cube ; — Matières inflammables, explosibles ou corrosives, telles que : Poudre à feu, fulminates, capsules, artifices, allumettes chimiques, phosphore, éther, huiles, essences minérales, acides, etc. ; — Plaqué d'or et d'argent ; — Tableaux, statues et objets d'art.

III. — La Compagnie ne se charge que de gré à gré du camionnage des marchandises ci-après : Foin et paille en bottes non pressées ; — Glaces, — Machines, voitures ou appareils roulant sur leurs essieux ; — Masses indivisibles d'un poids supérieur à 1,000 kilogr ; — Objets de toute nature en vrac ; — Objets dont les dimensions dépassent $6^{m}50$ en longueur et 2 mètres en largeur.

IV. — La Compagnie ne se charge pas du transport des animaux vivants, en dehors de la voie ferrée.

V. Pour les masses d'un poids supérieur à 500 kilogr., le chargement ou le déchargement des camions en ville doivent être faits par les soins et aux frais, risques et périls des expéditeurs ou des destinataires.

VI. — Les marchandises conduites à domicile et dont le destinataire serait inconnu ou absent, ou refuserait de prendre livraison, sont ramenées en gare et le camionnage en retour est taxé au même prix que le camionnage à l'aller.

VII — Les délais indiqués au présent tarif ne sont pas obligatoires pour la Compagnie dans le cas d'encombrement.

Tarif spécial P.V. — N° 17.

MASSES INDIVISIBLES & OBJETS DE GRANDES DIMENSIONS.

§ I. — Masses indivisibles d'un poids supérieur à 3,000 kil., et dont la longueur ne dépasse pas 6 mètres 50.

1° Masses indivisibles d'un poids supérieur à 3,000 kilog. et ne dépassant pas 5,000 kilog.	Taxe ordinaire du Tarif sans majoration.
2 Masses indivisibles d'un poids supérieur à 5,000 kilog. et ne dépassant pas 10,000 kilog.	Taxe du Tarif augmenté de 50 %.
3° Masses indivisibles d'un poids supérieur à 10,000 kilog.	Le transport ne peut avoir lieu sans un arrangement préalable entre l'expéditeur et la Compagnie.

§ II. — Objets dont la longueur dépasse 6 mètres 50 et dont le poids, par masse indivisible, n'est pas supérieur à 5,000 kilog.

1° Objets dont la longueur dépasse 6 mètres 50 sans être supérieurs à 20 mètres.	La taxe est appliquée : 1° Sur le poids réel, au prix ordinaire du Tarif. 2° A raison de 15 cent. par kilomètre pour chaque wagon en sus du premier. (Ce supplément, calculé sur la distance par rail, n'est pas perçu lorsque le poids de l'expédition atteint 5,000 kilog. par wagon employé.)
2° Objets dont la longueur dépasse 20 mètres.	Le transport ne peut avoir lieu sans un arrangement préalable entre l'expediteur et la Compagnie.

§ III. — Objets indivisibles pesant plus de 5,000 kil., sans dépasser 10,000 kil., et mesurant plus de 6 mètres 50 sans dépasser 20 mètres.

La taxe est appliquée :

1° Sur le poids réel, au prix du Tarif, augmenté de 50 %.

2° A raison de 15 cent. par kilomètre pour chaque wagon en sus du premier. (Ce supplément, calculé sur la distance par rail, ne sera pas perçu si le poids de l'expédition, augmenté de moitié, atteint 7,500 kilogrammes par wagon employé.)

Date d'homologation : 10 juillet 1875.

§ IV. — Locomotives et tenders roulant sur leurs essieux. — Locomotives et tenders chargés sur trucks des expéditeurs.

D'un point à un autre du réseau : 0,07 centimes par tonne et par kilomètre, calculés sur le poids réel et d'après la distance d'application.

PRIX PARTICULIER :

Au départ de FIVES pour PARIS (La Chapelle).

0,06 centimes par tonne et par kilomètre, calculés sur le poids réel.

§ V. — Chaudières de locomotives et générateurs.

La taxe est appliquée :

1° Au prix de la 2e série des Tarifs généraux, calculée sur le poids réel ;

2° A raison de 15 centimes par kilomètre et par chaque wagon en sus du premier (ce supplément, calculé sur la distance par rail, n'est pas perçu lorsque le poids de l'expédition atteint 5,000 kilog. par wagon employé).

CONDITIONS.

I. Dans toutes les gares où la Compagnie n'a pas de grue ou de treuil de force suffisante pour effectuer le chargement et le déchargement, ces opérations seront faites par les soins des expéditeurs et des destinataires, à leurs frais, risques et périls.

II. Dans les autres gares, la Compagnie mettra ses engins à la disposition des expéditeurs et des destinataires, moyennant 15 centimes par tonne pour chaque opération, et le chargement et le déchargement seront faits par leurs soins, à leurs frais, risques et périls.

III. La Compagnie ne répond pas des avaries résultant d'un vice de chargement.

IV. Les délais réglementaires pour les transports à petite vitesse pourront être dépassés de cinq jours, sans que, pour ce surcroît de délai, la Compagnie soit soumise à aucune indemnité.

V. Les expéditeurs seront tenus d'ailleurs de se conformer exactement à tous les règlements et ordres de service de la Compagnie, ainsi qu'à celles des conditions du Tarif général qui ne se trouvent pas modifiées par le présent Tarif.

AVIS IMPORTANT.

Le présent Tarif est appliqué d'office.

Tarif spécial P.V. — N° 18.

MARCHANDISES DIVERSES

Par expédition d'au moins 5,000 kilog.

NOMENCLATURE DES MARCHANDISES :

Première catégorie.

Alizari. — Blanc de zinc. — Dextrine. — Émeri brut. — Etain en saumons. — Garance et Garancine. — Glucose. — Litharge. — Minium. — Savons mous en barils. — Sel ammoniac. — Tan en sacs.

Deuxième catégorie.

Alquifoux. — Alun. — Asphalte. — Baryte. — Betteraves. — Bitume solide. — Blanc d'Espagne, de Meudon et de Troyes. — Bois de teintures en bûches. — Brai. — Bois de campêche. — Bois de fustet. — Carbonate de baryte. — Chaux en barils ou en sacs. — Chlorure de chaux en barils. — Ciments en barils ou en sacs. — Couperose. — Craie. — Déchets de cornes et d'os. — Déchets de cuir et de tannerie pour engrais. — Engrais non dénommés. — Goudron. — Mélasse. — Noir animal. — Noir d'os. — Ocre en tonneaux. — Os bruts. — Os concassés. — Pierres artificielles en ciment. — Plâtre pour moulage. — Pyrolignite de fer. — Sabots de bétail. — Sel gemme. — Sel marin. — Sels de soude. — Sulfate de baryte. — Sulfate d'ammoniac, d'alumine, de cuivre, de fer, de potasse, de soude et de zinc. — Vitriol bleu ou vert.

Troisième catégorie.

Argile. — Carreaux de meules. — Groisil. — Terre à poterie. — Verre cassé.

PRIX DE GARE EN GARE

Des stations de provenance dénommées ci-après aux divers points de la ligne.

6e SÉRIE DES TARIFS GÉNÉRAUX AVEC LES MAXIMA SUIVANTS :

STATIONS DE PROVENANCE.	STATIONS DE DESTINATION.	PRIX PAR 1,000 KILOGRAMMES Frais de gare compris.		
		1re catégorie	2e catégorie	3e catégorie
LA CHAPELLE. — ARGENTEUIL. — BEAUVAIS. — STATIONS DE PARIS A LAON PAR SOISSONS & SENLIS.	Anor. — Lourches. — Avesnes. — Quévy. — Erquelinnes — Gaillefontaine. — Saint-Valery. — Boulogne. — Calais. — Quiévrain. — Baisieux. — Mouscron. — Bailleul. — Ardres. — Dunkerque.	12 »	10 (1) »	7 »
MÊMES STATIONS	Marle. — Nesle. — Chaulnes. — Cambrai.	10 »	8 »	7 »
MÊMES STATIONS	Laon. — La Fère. — Crépy-Couvron. — Ham. — Saint-Quentin.	8 »	7 »	7 »

(1) Pour les Ciments en sacs ou en barils : 9 fr. — Pour l'Asphalte : 8 fr.

Date d'homologation : 10 juillet 1875.

STATIONS DE PROVENANCE.	STATIONS DE DESTINATION.	PRIX PAR 1,000 KILOGRAMMES Frais de gare compris.		
		1re catégorie	2e catégorie	3e catégorie
LA CHAPELLE & ARGENTEUIL .	Creil	» »	» »	3 10
JONCTION PRÈS CLÈRES & ROUEN.	Laon. — Noyon. — Chauny. — St-Quentin. Saint-Valery.	10 »	8 »	7 »
JONCTION PRÈS CLÈRES & ROUEN.	Cambrai. — Sains. — Fourmies. — Quévy. — Erquelinnes. — Boulogne. — Calais. — Quiévrain. — Baisieux. — Mouscron. — Bailleul. — St-Omer. — Dunkerque.	12 »	10 (1) »	7 »

(1) Pour les Ciments en sacs ou en barils : 9 fr. — Pour l'Asphalte : 8 fr.

NOTA. — Les expéditions DE ou POUR une station non dénommée ci-dessus, comprise entre deux stations dénommées, jouiront du bénéfice du présent Tarif spécial en payant pour la distance entière depuis la dernière station dénommée située avant le lieu de départ jusqu'à la première station dénommée, située après le lieu de destination, si la taxe, ainsi calculée, est plus avantageuse pour les expéditeurs que celle du Tarif général.

CONDITIONS.

I. Les prix du présent tarif ne sont applicables qu'aux expéditions d'au moins 5,000 kilog.

Les expéditions inférieures à 5,000 kilog. restent soumises aux prix et conditions du tarif général, à moins que l'expéditeur n'ait avantage à payer une taxe calculée sur 5,000 kilog., d'après le prix du présent tarif spécial.

Les prix de 12 fr., 10 fr., 8 fr., 7 fr. et 3 fr. 10, indiqués ci-dessus, comprennent les frais de gare au départ et à l'arrivée. Le chargement et le déchargement seront faits par les expéditeurs et les destinataires. Dans le cas où l'une de ces opérations serait faite par la Compagnie, elle lui serait payée 0 fr. 30 par 1,000 kilog.

Les marchandises faisant l'objet de ce tarif qui ne pèseraient pas 200 kilog., sous le volume d'un mètre cube, seront taxées sans la majoration de 50 %, contrairement à l'article 10 du tarif général.

II. La Compagnie se réserve de prolonger, à sa volonté, de cinq jours au-delà des délais réglementaires pour le transport des marchandises à petite vitesse, la durée des transports faisant l'objet de ce tarif.

III. Elle ne répond pas des déchets de route.

IV. Il sera fait une expédition distincte pour chaque wagon.

Les déclarations d'expédition devront en conséquence être fractionnées, autant que possible, par wagon, et, dans tous les cas, ne pas porter un poids supérieur à 10,000 kilog.

Par exception, cette mesure ne sera pas appliquée aux expéditions faites à l'intérieur du réseau du Nord, sur des parcours inférieurs à 100 kilomètres.

V. Les expéditeurs sont tenus, d'ailleurs, de se conformer à tous les règlements et ordres de service de la Compagnie, ainsi qu'à celles des conditions du tarif général qui ne se trouvent pas modifiées par le présent tarif.

AVIS IMPORTANT.

Les prix du présent tarif ne seront appliqués qu'autant que l'expéditeur en aura fait la demande expresse sur sa déclaration. A défaut de cette demande préalable, l'expédition sera taxée de droit aux prix et conditions du tarif général.

Tarif spécial P.V. — N° 19.

CADRES, HARASSES OU PLATEAUX en retour, PANIERS, CAISSES, SACS, FUTS VIDES & CAISSES MÉTALLIQUES.

1° CADRES, HARASSES ou PLATEAUX en retour.

Seront transportés *franco* au retour les cadres, ou plateaux, harasses, ayant servi au transport par le Chemin de fer du Nord, des marchandises ci-après :

Bouteilles,	Faïence,	Marbres,	Peaux.	Vannerie,
Clous,	Fromages,	Meubles,	Poterie,	Verrerie.
Cuirs,	Laines en suint,	Papiers,	Sucres raffinés,	

Ces transports auront lieu à la condition :

1° Que ces cadres, harasses ou plateaux pourront se démonter ou se replier de manière à ne tenir que peu de place dans le wagon ;

2° Que l'expéditeur justifiera, par un bulletin, au moment de l'envoi des cadres ou harasses. que le transport de la marchandise qu'ils ont renfermée, a bien été effectué par la Compagnie.

Ce bulletin, délivré au départ, sera annexé à la lettre de voiture ou au récipissé accompagnant la marchandise.

L'expéditeur n'aura à supporter que les 0 fr. 10 c. d'enregistrement et les frais de timbre.

Nota. — Les cadres ayant servi au transport de la poterie en terre, et retournés non démontés sur Beauvais ou sur tout autre point où il se fabriquerait de la poterie de même nature, jouissent de la même gratuité.

2° PANIERS, CAISSES ou SACS VIDES ayant déjà servi au transport des marchandises.

Les paniers vides, les caisses vides, les caisses contenant des bobines ou des fuseaux en retour seront taxés au prix de la quatrième série, sans la majoration de 50 % prévue par l'article 10 des tarifs généraux de petite vitesse.

Les caisses démontées et les sacs vides seront taxés au prix de la sixème série.

3° FUTS VIDES ou CAISSES MÉTALLIQUES.

Les fûts vides seront taxés au poids et au prix de la quatrième série, sans la majoration de 50 % prévue par l'article 10 des tarifs généraux de petite vitesse, à moins que l'expéditeur n'ait avantage à payer une taxe calculée à raison de 25 c. par hectolitre de contenance, quelle que soit la distance parcourue ; mais, dans ce dernier cas, la taxe ne peut être inférieure à celle de 50 k. au prix de la 4e série.

Les fûts vides ou les caisses métalliques ayant contenu des flegmes et des mélasses, seront transportés *franco* au retour, à la condition que l'expéditeur fournira la preuve au bureau de départ, au moyen d'une lettre de voiture ou d'un récépissé ne remontant pas à plus d'un mois de date, que les fûts pleins ou les caisses ont été transportés par le Chemin de fer du Nord.

Date d'homologation : 10 juillet 1875.

CONDITIONS.

I. Les expéditions inférieures à 50 kilogrammes restent soumises aux prix et conditions du tarif général, à moins que l'expéditeur n'ait avantage à payer une taxe calculée sur 50 kilog.

II. La Compagnie se réserve le droit de prolonger à sa volonté, de cinq jours au-delà des délais réglementaires pour les transports à petite vitesse, la durée des transports faisant l'objet de ce tarif.

III. Elle est exonérée de toute responsabilité pour les avaries et déchets de route.

IV. Les expéditeurs sont tenus, d'ailleurs, de se conformer à tous les règlements et ordres de service de la Compagnie, ainsi qu'à celles des conditions du tarif général qui ne se trouvent pas modifiées par le présent tarif.

AVIS IMPORTANT.

Les prix du présent tarif ne seront appliqués qu'autant que l'expéditeur en aura fait la demande expresse sur sa déclaration. A défaut de cette demande préalable, l'expédition sera soumise de droit aux prix et conditions du Tarif général.

Tarif spécial P.V. — N° 20.

HUILES DE GRAINES EN FUTS, HUILE D'OLIVE COMMUNE POUR LE GRAISSAGE EN FUTS, GLYCÉRINE EN FUTS.

PRIX PAR 1,000 KILOG. DE GARE EN GARE

(Frais de chargement, de déchargement et de gare compris).

DES STATIONS CI-APRÈS aux STATIONS CI-CONTRE ET RÉCIPROQUEMENT.	PARIS-LA CHAPELLE ET ARGENTEUIL.			LAON.			JONCTION PRÈS CLÈRES ET ROUEN.			CALAIS ET DUNKERQUE.		
	Distances en kilomètres.	Sans condition de tonnage.	Par expédition d'au moins 5.000 kil.	Distances en kilomètres.	Sans condition de tonnage.	Par expédition d'au moins 5,000 kil.	Distances en kilomètres.	Sans condition de tonnage.	Par expédition d'au moins 5,000 kil.	Distances en kilomètres.	Sans condition de tonnage.	Par expédition d'au moins 5,000 kil.
Laon	148	19 70	16 »	»	» »	» »	219	27 »	21 »	267	24 70	20 »
Crépy-Couvron	151	19 70	16 »	»	» »	» »	209	25 »	20 »	257	24 70	20 »
Ham	154	19 70	16 »	49	8 »	7 »	171	22 30	18 »	231	20 »	18 »
Nesle	166	20 90	17 20	»	» »	» »	159	20 90	17 20	»	» »	» »
Chaulnes	165	20 90	17 20	»	» »	» »	150	20 90	17 20	»	» »	» »
Saint-Quentin	156	19 70	16 »	51	8 »	7 »	200	25 »	20 »	220	20 »	18 »
Cambrai	209	26 »	20 »	104	13 90	11 »	243	30 »	22 »	167	12 »	11 »
Bouchain	223	28 »	22 »	118	16 50	13 »	229	30 »	22 »	153	12 »	11 »
Le Câteau	193	26 »	20 »	»	» »	» »	»	» »	» »	»	» »	» »
Abancourt	138	14 »	12 »	»	» »	» »	»	» »	» »	»	» »	» »
Longpré	162	20 »	16 »	136	17 30	14 »	»	» »	» »	»	» »	» »
Abbeville	178	23 »	19 »	152	19 10	15 »	157	18 »	15 »	»	» »	» »
Boulogne	256	30 »	22 »	231	24 70	20 »	235	24 70	20 »	»	» »	» »
Calais	300	30 »	22 »	274	24 70	20 »	»	» »	» »	»	» »	» »
Arras	194	24 30	20 »	167	18 60	15 »	180	24 30	20 »	125	11 »	10 »
Douai	220	26 90	21 »	144	18 60	15 »	205	26 90	21 »	127	10 »	9 »
Somain	233	28 »	22 »	129	16 50	13 »	217	28 »	22 »	142	12 »	11 »
Valenciennes	253	30 »	22 »	132	17 30	14 »	238	30 »	22 »	162	15 90	13 »
Lille	253	30 »	22 »	177	22 70	18 »	238	30 »	22 »	97	9 »	8 »
Tourcoing	»	» »	» »	»	» »	» »	»	» »	» »	107	10 50	9 50
Mouscron	269	31 »	23 »	193	23 70	19 »	254	31 »	23 »	»	» »	» »
Dunkerque	308	30 »	22 »	259	24 70	20 »	293	30 »	22 »	»	» »	» »

Les expéditions **de** ou **pour** une station non dénommée ci-dessus, comprise entre deux stations dénommées, jouiront du bénéfice du présent Tarif spécial, en payant pour la distance entière, depuis la dernière station dénommée située avant le lieu de départ, jusqu'à la première station dénommée située après le lieu de destination, si la taxe ainsi calculée est plus avantageuse pour les expéditeurs que celle du Tarif général.

NOTA — Les prix ci-dessus sont applicables, sans réduction ni augmentation, aux huiles en destination du Chemin de Ceinture ou des gares communes de Laon, d'Argenteuil et de Jonction près Clères.

Date d'homologation : 23 octobre 1875.

CONDITIONS.

I. Les délais réglementaires pour les transports à petite vitesse pourront être dépassés de cinq jours, sans que cet excédant de délai puisse donner lieu à indemnité.

II. La Compagnie accordera à la gare de La Chapelle un magasinage gratuit pendant les trois jours qui suivront la mise à la poste de la lettre d'avis adressée par la Compagnie au destinataire; la vérification du poids des fûts devra avoir lieu dans ce délai, après lequel cessera la responsabilité de la Compagnie, quant au coulage.

III. Les expéditeurs sont tenus d'ailleurs de se conformer exactement à tous les règlements et ordres de service de la Compagnie, ainsi qu'à celles des conditions du tarif général qui ne se trouvent pas modifiées par le présent tarif.

AVIS IMPORTANT.

Les prix du présent Tarif ne seront appliqués qu'autant que l'expéditeur en aura fait la demande expresse sur sa déclaration. A défaut de cette demande préalable, l'expédition sera taxée de droit aux prix et conditions du Tarif général.

Tarif spécial P.V. — N° 21.

MARCHANDISES.

Au départ de SAINT-VALERY pour AMIENS et SALEUX.

Par expédition d'au moins 5,000 kilog.

POINTS DE PROVENANCE,	POINTS DE DESTINATION.	DISTANCES.	DÉSIGNATION DES MARCHANDISES.	PRIX par tonne FRAIS DE GARE compris.
SAINT-VALERY	Amiens......	64	*Première catégorie.* Étoupes, Jute, Fils de Jute, laines brutes.	6 »
			Deuxième catégorie. Bois de teinture en bûches, Potasse, Savons de Marseille, Soude, Sumac. . .	5 50
			Troisième catégorie. Bois de charpente, Farines, Fontes brutes, Grains, Graines, Soufre.	4 50
	Saleux	72	Étoupes, Jute, Lins	6 90

NOTA. Pour les parcours intermediaires entre les points ci-dessous désignés, la taxe ne pourra, dans aucun cas, être supérieure aux prix fixés pour la distance entière de Saint-Valery à Amiens, ou de Saint-Valery à Saleux.

CONDITIONS.

I. Les prix du présent tarif ne sont applicables qu'aux expéditions d'au moins 5,000 kilogrammes.

Les expéditions inférieures à 5,000 kilogrammes restent soumises aux prix et conditions du tarif général, à moins que l'expéditeur n'ait avantage à payer une taxe calculée sur 5,000 kilogrammes, aux prix du présent tarif spécial.

II. Les prix seront augmentés de 50 pour 100 pour les pièces pesant de 3,000 à 5,000 kil,; l'augmentation de prix sera de 100 pour 100 pour les pièces pesant de 5,000 à 10,000 kil., conformément au tarif général.

III. Contrairement à l'article 10 du tarif général de petite vitesse, les marchandises faisant l'objet de ce tarif qui ne pèseraient pas 200 kilog. sous le volume d'un mètre cube, seront taxées sans majoration.

Date d'homologation : 14 avril 1870.

IV. Le chargement et le déchargement seront faits par les expéditeurs et les destinataires. Dans le cas où ces opérations seraient faites par la Compagnie, il lui serait payé 30 cent. par tonne pour chaque opération.

V. La Compagnie se réserve la faculté de prolonger, à sa volonté, de cinq jours au-delà des délais règlementaires pour les transports à petite vitesse, la durée des transports faisant l'objet de ce tarif.

VI. Les expéditeurs seront tenus, d'ailleurs, de se conformer exactement à tous les règlements et ordres de service de la Compagnie, ainsi qu'à celles des conditions du tarif général qui ne se trouvent pas modifiées par le présent tarif.

VII. La Compagnie ne répond pas des avaries et déchets de route.

AVIS IMPORTANT.

Les prix du présent tarif ne seront appliqués qu'autant que l'expéditeur en aura fait la demande expresse sur sa déclaration. A défaut de cette demande préalable, l'expédition sera taxée de droit aux prix et conditions du tarif général.

Tarif spécial P.V. — N° 22.

FRAIS DE LOCATION DU MATÉRIEL.

Envoyé sur les embranchements particuliers.

Mode de taxation des marchandises des embranchements particuliers.

Lorsque les propriétaires d'embranchements particuliers demanderont des wagons à la Compagnie, celle-ci sera tenue de les leur fournir, suivant l'ordre des demandes, dans un délai égal à celui que lui réserve, pour l'expédition, le tarif appliqué aux marchandises à expédier. Dans aucun cas, ce délai ne pourra être inférieur à deux jours, non compris celui de la demande et celui de la livraison au point de jonction de l'embranchement avec la ligne principale.

Art. 1er. La Compagnie amènera ses wagons à l'entrée des embranchements. Les expéditeurs ou destinataires feront conduire les wagons dans leurs établissements pour les charger ou décharger, et les ramèneront au point de jonction avec la ligne principale, le tout à leurs frais.

Les wagons ne pourront d'ailleurs être employés qu'au transport d'objets et de marchandises destinés à la ligne principale.

Art. 2. Le temps pendant lequel les wagons séjourneront sur les embranchements particuliers dont la longueur n'excèdera pas un kilomètre sera de six heures, [non compris les heures de la nuit, depuis le coucher jusqu'au lever du soleil.

Ce délai sera porté à un jour de 24 heures (nuit comprise), pour les embranchements dont la longueur excèdera un kilomètre.

Art. 3. Pour indemniser la Compagnie de la fourniture et de l'envoi de son matériel sur les embranchements, elle percevra un prix fixe de 0 fr. 12 c. par 1000 kilog. pour les embranchements dont la longueur ne dépasse pas un kilomètre.

Ce prix sera de 0.16 c. pour les embranchements de 1 à 2 kilomètres. Il sera de 0.20 c, pour les embranchements de 2 à 3 kilomètres.

Pour les embranchements de plus de 3 kilomètres, le prix sera formé de deux perceptions distinctes, savoir :

Une redevance fixe de 0.20 c. par 1000 kilog., et

Une redevance de 0.02 c. par wagon et par kilomètre réellement parcouru, tant à l'aller qu'au retour.

Art. 4. En cas de retard dans la rentrée du matériel, une indemnité de 0.25 c. par wagon et par heure de retard sera exigée avec un maximum de *cinq francs* par jour de 24 heures, nuit comprise.

Le délai d'absence courra depuis la mise à disposition des wagons à l'entrée de l'embranchement particulier jusqu'à l'heure du retour de ces wagons.

Les industriels pourront toutefois acquitter les indemnités de retard conformément à l'art 62 du cahier des charges de la Compagnie du Nord ; mais, par compensation, ils ne jouiront que des délais de stationnement indiqués dans ce même cahier, savoir :

« § 10. *Le temps pendant lequel les wagons séjourneront sur les embranchements » particuliers ne pourra excéder 6 heures lorsque l'embranchement n'aura pas plus » d'un kilomètre. Le temps sera augmenté d'une demi-heure par kilomètre, en sus du » premier, non compris les heures de la nuit, depuis le coucher jusqu'au lever » du soleil.*

» § 11. *Dans le cas où les limites de temps seraient dépassées, nonobstant l'aver- » tissement spécial donné par la Compagnie, elle pourra exiger une indemnité » égale à la valeur du droit de loyer des wagons, pour chaque période de retard » après l'avertissement.* »

Les industriels devront, d'ailleurs, faire connaître par une déclaration préalable, le système d'après lequel ils prétendent être régis.

Art. 5. Le chargement et le déchargement sur les embranchemeuts particuliers, s'opèreront aux frais des expéditeurs ou des destinataires.

Le chargement des wagons ne devra pas excéder la limite du chargement inscrite sur les wagons et spécialement 10100 kilog pour les wagons de houille et de coke.

Art. 6. Tout wagon envoyé sur un embranchement devra payer comme wagon complet, lors même qu'il ne serait pas complètement chargé.

Art. 7. Les propriétaires d'embranchements seront responsables des avaries que le matériel pourra éprouver pendant son parcours ou son séjour sur ces lignes.

Art. 8. Les marchandises venant d'un embranchement paient, sur la ligne principale, les taxes homologuées pour la station à laquelle cet embranchement aboutit; elles paient les frais accessoires, tels que les frais d'enregistrement et de gare.

Les frais de chargement ne sont pas dus lorsque cette opération est faite par les intéressés eux-mêmes dans leurs établissements.

Il en est de même pour les marchandises venant de divers points de la ligne principale à destination de l'embranchement; elles paient les taxes homologuées à destination de cette station.

Art. 9. Lorsque le point de jonction d'un embranchement avec la ligne principale se fera à un garage spécial entre deux stations de la grande ligne, les taxes à appliquer pour le parcours sur la ligne principale seront celles homologuées pour les relations avec le station voisine plus éloignée; ainsi par exemple, désignant par A la station de gauche et par B celle de droite, les relations avec les points au-delà de A seront taxées comme pour la station B; les relations avec les points au-delà de B seront taxées comme pour la station A.

Néanmoins il sera loisible au propriétaire de l'embranchement de réclamer d'une manière générale le tarif de l'une des deux stations voisines; mais, dans ce cas, il tiendra compte à la Compagnie de dix centimes par tonne et par kilomètre pour le supplément de parcours non tarifé des transports venant d'au-delà de cette station A ou y allant. S'il choisit, par exemple, le tarif de la station A, et si le garage est à 1,600 mètres de cette station A, il paiera pour la marchandise venant d'au-delà de la station ou y allant, un supplément de 2 kilomètres à 10 c., soit 20 c. par 1000 kil. en sus des taxes de la station A.

Tarif spécial P.V. — N° 23.

MARCHANDISES DIVERSES ENTRE LILLE ET VALENCIENNES.

NATURE DES MARCHANDISES.	CONDITIONS DE TONNAGE.	PRIX par WAGON	PRIX par TONNE.	OBSERVATIONS.
§ I. — **Céréales.** — Avoine, Blé, Dari, Farines de froment et de seigle, Fèves, sèches, Féverolles, Froment, Haricots, Lentilles, Maïs, Malt, Orge, Pamelle ou Paumelle, Pois secs, Pommes de terre, Riz, Sarrasin et Seigle.	Sans condition de tonnage.	»	3 36	Frais de chargement, de déchargement et de gare non compris. Ces transports sont soumis aux conditions du Tarif spécial P. V. N° 1.
§ II. — **Marbres.** — Marbres en tranches scellées ou non scellées, Pierres de taille façonnées.	Par expédition d'au moins 5,000 kil., ou payant pour ce poids.	»	4 30	Frais de gare compris.
Marbres ouvrés ou polis en cadres; Marbres en tranches scellées chargées sur plateaux; Carreaux en ciment, en marbre, en pierre ou en terre cuite; Dalles en granit ou en pierre; Albâtre brut; Marbres en blocs.	Id.	»	3 60	Id. Ces transports sont soumis aux conditions du Tarif spécial P. V. N° 2.
§ III. — **Vins, vinaigres et trois-six en fûts.**	Sans condition de tonnage.	»	4 20	Non compris les frais de chargement, de déchargement et de gare.
§ IV. — **Mitraille, fonte brute** et toutes les marchandises dénommées à la 4ᵉ catégorie du tarif spécial P. V. N° 4	Par expédition d'au moins 5,000 kil. ou payant pour ce poids.	»	2 90	Frais de gare compris.
§ V. — **Chevaux et bestiaux** par wagon n'ayant pas plus de 12 mètres de surface intérieure.	Par wagon complet.	14 70	»	Ces transports sont soumis aux conditions du Tarif spécial P. V. N° 5.
Par wagon ayant plus de 12 mètres de surface intérieure.	Id.	24 »	»	
§ VI. — **Verres à vitres** en caisses, **bouteilles vides** en cadres ou harasses, **dalles en verre brut, cloches** pour jardin et **bouteilles vides** en vrac.	Par expédition d'au moins 5,000 kil. ou payant pour ce poids.	»	3 60	Frais de gare compris. Ces transports sont soumis aux conditions du Tarif spécial P. V. N° 8.

Date d'homologation : 19 mars 1875.

NATURE DES MARCHANDISES.	CONDITIONS DE TONNAGE.	PRIX par WAGON	PRIX par TONNE.	OBSERVATIONS.
§ VII. — **Bois en grume; mâts, perches et poteaux** dont la longueur excède 6 m. 50.	Par expédition d'au moins 5,000 kil. ou payant pour ce poids.	»	4 30	Frais de gare compris.
Bois en grume; mâts, perches et **poteaux** dont la longueur n'excède pas 6 m. 50, et toutes les marchandises dénommées à la 2e catégorie du tarif spécial P. V. N° 9.	Id.	»	3 60	Id.
Bois à brûler (dits de corde), **planches brutes** et toutes les marchandises dénommées à la 3e catégorie du tarif spécial P. V. N° 9.	Id.	»	2 90	Id.
Traverses pour chemins de fer.	Id.	»	2 50	Id.
Bois destinés aux houillères dont la longueur n'excède pas 4 m. 40 et chargés dans les wagons affectés au transport de la houille.	Id.	»	2 50	Id. Ces transports sont soumis aux conditions du Tarif spécial P. V. N° 9.
§ VIII. — **Briques**(1), **cailloux, pavés, sable** et toutes les marchandises dénommées au tarif spécial P. V. N° 12. (1) A l'exception des briques réfractaires.	Par wagon complet de 10,000 kil. ou payant pour ce poids	»	2 50	Frais de gare compris.
§ IX. — **Moellons et pierres meulières.**	Par wagon complet de 10,000 kil. ou payant pour ce poids.	»	2 50	Frais de gare compris.
§ X. — **Huiles de graine** en fûts, **huile d'olive commune pour le graissage** en fûts; **glycérine** en fûts.	Sans condition de tonnage.	»	5 70	Frais de chargement, de déchargement et de gare compris.
Id.	Par expédition d'au moins 5,000 kil. ou payant pour ce poids.	»	4 20	Id.
§ XI. — **Sucres raffinés** en vrac.	Par expédition d'au moins 5,000 kil. ou payant pour ce poids	»	4 20	Non compris les frais de chargement, de déchargement et de gare
Sucres raffinés en cadres, cages, harasses, fûts ou caisses, et **sucres candis** en caisses.	Sans condition de tonnage.			

NATURE DES MARCHANDISES.	CONDITIONS DE TONNAGE.	PRIX par WAGON	PRIX par TONNE.	OBSERVATIONS.
§ XII. — **Oléine, dégras, huiles de goudron, de pétrole**, etc., toutes les marchandises dénommées au tarif spécial N° 27.	Par expédition d'au moins 5,000 kil. ou payant pour ce poids.	»	4 90	Frais de chargement, de déchargement et de gare compris.
§ XIII. — **Foins, fourrages secs, pailles, lins et chanvres** en tiges.	Par wagon chargé au maximum de 4,000 kil. . . . . . Au-delà de 4,000 kilog., le surplus du chargement est taxé à raison de 2.10 par tonne.	12 60	»	Ces transports sont soumis aux conditions du Tarif spécial P. V. N° 28.
§ XIV. — **Meubles.**	Taxe appliquée sur un minimum de poids de 4,000 kil. par wagon employé, à la demande de l'expéditeur. .	»	6 20	Frais de gare compris. NOTA. — Le chargement et le déchargement seront faits aux frais, risques et périls des expéditeurs et des destinataires.
Voitures montées ou démontées.	2 ou 3 voitures à un ou deux fonds chargées sur un seul wagon	18 80	»	
Matériel des fêtes, jeux et théâtres de foires, ménageries, cirques.	Par wagon chargé au maximum de 5,000 kilog. . . . . . Au-delà de 5,000 kilog., prix par tonne, 3.40.	18 80	»	Frais de gare compris.
Faïence emballée.	Sans condition de tonnage . .	6 »	»	Frais de chargement, de déchargement et de gare compris.
§ XV. — **Produits chimiques** dénommés au tarif spécial P. V. N° 31, § 1er.	Par expédition d'au moins 5,000 kil. ou payant pour ce poids.	»	2 90	Frais de gare compris.
Allumettes chimiques.	Par expédition d'au moins 5,000 kil. ou payant pour ce poids.	»	5 80	Frais de chargement, de déchargement et de gare non compris.
§ XVI. — **Sucres bruts.**	Par expédition d'au moins 5,000 kil. ou payant pour ce poids.	»	4 20	Frais de chargement, de déchargement et de gare compris.
§ XVII. — **Engrais** dénommés au tarif spécial P. V. N° 34.	Par expédition d'au moins 5,000 kil ou payant pour ce poids.	»	2 90	Frais de gare compris.

CONDITIONS.

I. — La Compagnie se réserve le droit de prolonger à sa volonté, de cinq jours au-delà des délais réglementaires pour les transports à petite vitesse, la durée des transports faisant l'objet de ce tarif.

II. — Elle sera exonérée de toute responsabilité pour les avaries et déchets de route.

III. — Les expéditeurs sont tenus, d'ailleurs, de se conformer à tous les règlements et ordres de service de la Compagnie, ainsi qu'à celles des conditions du tarif général qui ne se trouvent pas modifiées par le présent tarif.

AVIS IMPORTANT.

Les prix du présent Tarif ne seront appliqués qu'autant que l'expéditeur en aura fait la demande expresse sur sa déclaration. A défaut de cette demande préalable, l'expédition sera taxée de droit aux prix et conditions du Tarif général.

Nota. — Pour les parcours intermédiaires entre les points ci-dessus désignés, la taxe ne pourra, dans aucun cas, être supérieure aux prix fixés pour la distance entière de Lille à Valenciennes ou réciproquement.

Tarif spécial P.V. — N° 24.

SUCRES RAFFINÉS

en vrac, par expédition d'au moins 5,000 *kilogrammes;*

SUCRES RAFFINÉS

en cadres, cages, harasses, fûts ou caisses, quel que soit le poids de l'expédition,

ET SUCRES CANDIS EN CAISSES

PRIX DE GARE EN GARE :

1° En destination de Paris (La Chapelle), Argenteuil, Jonction près Clères et Rouen,

5e série du Tarif général.

2° En destination des autres gares du réseau,

4e série du Tarif général.

Sans que la taxe pour un point situé en deçà puisse être supérieure à celle qui serait appliquée pour La Chapelle, Argenteuil, Jonction près Clères et Rouen.

CONDITIONS.

I. — Les sucres raffinés en vrac, par wagon complet, seront chargés et déchargés par les soins des expéditeurs et des destinataires. Il ne sera perçu en sus du Tarif que les frais de gare, soit 40 cent. par tonne.

Les wagons seront plombés ou cachetés par les expéditeurs, et la responsabilité de la Compagnie se bornera à la remise des wagons aux mains des destinataires avec les plombs ou cachets apposés au départ, la Compagnie étant exonorée, d'une manière absolue, de toute indemnité pour bris, mouille ou manquant, à moins de choc en cours de transport résultant d'accident.

Il ne pourra y avoir par chaque wagon qu'un seul destinataire indiqué.

Toute expédition en vrac pesant moins de 5,000 kilog. sera taxée au prix du Tarif général, à moins qu'il n'y ait avantage pour l'expéditeur à payer pour 5,000 kil. au prix du présent Tarif.

Les wagons devront être déchargés par les destinataires dans la journée du lendemain de la mise à la poste de la lettre d'avis d'arrivée qui leur sera adressée par la Compagnie. Passé ce délai il

Date d'homologation : 21 avril 1873.

sera perçu un droit de stationnement de 10 francs par wagon et par jour de retard, quelle que soit la contenance du wagon. Toutefois ces frais ne seront perçus que le *surlendemain* de la mise à la poste de la lettre d'avis, lorsque les destinataires résideront dans une commune qui ne possède pas de bureau de poste.

II. — Il sera fait une expédition distincte par chaque wagon.

Les déclarations d'expédition devront, en conséquence, être fractionnées, autant que possible, par wagon, et, dans tous les cas, ne pas porter un poids supérieur à 10,000 kilogrammes.

Par exception, cette mesure ne sera pas appliquée aux expéditions faites à l'intérieur du réseau du Nord, sur des parcours inférieurs à 100 kilomètres.

III. — Les sucres raffinés en cadres, cages, harasse, fûts ou caisses, seront chargés et déchargés par la Compagnie qui percevra, pour ses opérations, 1 fr. 50 c. par tonne, conformément au Tarif.

Les cadres, cages, harasses, fûts ou caisses devront être bâchés et plombés ou cachetés par les expéditeurs, et la responsabilité de la Compagnie se bornera à la remise desdits cadres, etc., aux mains des destinataires, avec les plombs ou cachets apposés au départ, la Compagnie étant exonorée, d'une manière absolue, de toute indemnité pour bris, mouille ou manquant, à moins de choc en cours de transport résultant d accident.

Les cadres, cages, harasses, fûts ou caisses seront fournis par les expéditeurs et devront être construits dans des dimensions qui permettent de les charger facilement sur plates-formes.

Lorsqu'ils pourront se replier et se démonter de manière à ne tenir que peu de place sur les wagons, le retour en sera fait gratuitement sur le parcours de la Compagnie, contre les frais d'enregistrement et de timbre.

Les bâches, cadres, cages, harasses, fûts ou caisses vides, en retour, devront être remis sans frais, en gare, par les destinataires qui réclameront, en échange, un récépissé.

Le récépissé devra être représenté en cas de réclamation pour retard dans la livraison des emballages, et la Compagnie sera exonorée de toute responsabilité pour réclamations qui ne seront pas faites dans le délai d'un mois, à partir de la date du renvoi.

AVIS IMPORTANT.

Les prix du présent tarif ne seront appliqués qu'autant que l'expéditeur en aura fait la demande expresse sur sa déclaration. A défaut de cette demande préalable, l'expédition sera soumise de droit aux prix et conditions des Tarifs généraux.

Tarif spécial P.V. — N° 25.

CHARBON DE BOIS EN SACS,

RAFLES DE MAÏS POUR CHAUFFAGE (ALLUMETTES LANDAISES)

Par wagon complet de 4,000 *kilogrammes.*

PRIX DE GARE EN GARE :

5.e Série des Tarifs généraux.

CONDITIONS.

I. Les expéditions inférieures à 4,000 kilog. restent soumises aux prix et conditions du tarif général, à moins que l'expéditeur n'ait avantage à payer une taxe calculée sur 4,000 kilog., d'après le prix du présent tarif spécial.

Tout excédant de poids inférieur à 4,000 kilog. est taxé suivant qu'il y a avantage pour l'expéditeur, soit comme 4,000 kilog. au prix du tarif spécial, soit d'après le poids réel au prix du tarif général.

Dans tous les cas, l'expédition entière est régie par les conditions du tarif spécial.

II. Les transports auront lieu dans les wagons que la Compagnie mettra à la disposition des expéditeurs, sans distinction de capacité ou de forme, pourvu qu'ils puisent contenir 4,000 kilog. de charbon de bois.

III. Contrairement à l'art. 10 du Tarif général de petite vitssse, les marchandises faisant l'objet de ce tarif qui ne pèseraient pas 200 kilog. sous le volume d'un mètre cube, seront taxées sans majoration.

IV. Le chargement et le déchargement seront faits par les expéditeurs et les destinataires. Dans le cas où l'une de ces opérations devrait être faite par la Compagnie, la Compagnie percevrait 30 cent. par tonne pour chaque opération.

V. Les wagons devront être complètement déchargés dans la journée du lendemain de la mise

Date d'homologation : 21 avril 873.

à la poste de la lettre d'avis adressée par la Compagnie au destinataire; passé ce délai, la Compagnie pourra, à son choix, ou faire le déchargement et percevoir pour cette opération le prix indiqué à l'article précédent, sans préjudice des droits ordinaires de magasinage de la marchandise déchargée, à compter de l'expiration du délai ci-dessus fixé, ou laisser la marchandise sur le wagon, en percevant un droit de stationnement de 10 fr. par wagon et par jour de retard, quelle que soit la contenance du wagon.

Toutefois les frais ne seront perçus que le *surlendemain* de la mise à la poste de la lettre d'avis lorsque les destinataires résideront dans une commune qui ne possède pas de bureau de poste.

VI. La Compagnie se réserve la faculté de prolonger, à sa volonté, de cinq jours au-delà des délais réglementaires pour les transports à petite vitesse, la durée des transports faisant l'objet de ce tarif.

VII. Il sera fait une expédition distincte par chaque wagon.

Les déclarations d'expédition devront, en conséquence, être fractionnées, autant que possible, par wagon, et, dans tous les cas, ne pas porter un poids supérieur à 10,000 kilogrammes.

Par exception, cette mesure ne sera pas appliquée aux expéditions faites à l'intérieur du réseau du Nord, sur des parcours inférieurs à 100 kilomètres

VIII. Les sacs vides seront transportés gratuitement au retour, à la condition que l'expéditeur justifiera par un bulletin que le transport de la marchandise qu'ils ont renfermée a bien été effectué par la Compagnie.

Ce bulletin, délivré au départ, sera annexé à la lettre de voiture ou au récépissé accompagnant la marchandise. L'expéditeur n'aura à supporter que les 10 centimes d'enregistrement et les frais de timbre.

IX. Les expéditeurs sont tenus, d'ailleurs, de se conformer à tous les règlements et ordres de service de la Compagnie, ainsi qu'à celles des conditions du tarif général qui ne se trouvent pas modifiées par le présent tarif.

AVIS IMPORTANT.

Les prix du présent tarif ne seront appliqués qu'autant que l'expéditeur en aura fait la demande expresse sur sa déclaration. A défaut de cette demande préalable, l'expédition sera taxée de droit aux prix et conditions du tarif général.

Tarif spécial P.V. — N° 26.

BIÈRES EN FUTS

Par expédition d'au moins 5,000 *kilogrammes.*

PRIX DE GARE EN GARE ·

5e Série des Tarifs généraux.

CONDITIONS.

I. — Les prix du présent tarif ne sont applicables qu'aux expéditions d'au moins 5,000 kilog. Les expéditions inférieures à 5,000 kilog restent soumises aux prix et conditions du tarif ordinaire, à moins que l'expéditeur n'ait avantage à payer une taxe calculée sur 5,000 kilog., d'après le prix du présent tarif.

II. La Compagnie ne répond pas des avaries et déchets de routes,

III. Les expéditeurs sont tenus, d'ailleurs, de se conformer exactement à tous les règlements et ordres de service de la Compagnie, ainsi qu'à celles des conditions du tarif général qui ne se trouvent pas modifiées par le présent tarif.

AVIS IMPORTANT.

Les prix du présent tarif ne seront appliqués qu'autant que l'expéditeur en aura fait la demande expresse sur sa déclaration. A défaut de cette demande préalable, l'expédition sera taxée de droit aux prix et conditions du tarif général

Date d'homologation : 1er janvier 1864.

Tarif spécial P.V. — N° 27.

OLÉINES, DÉGRAS, HUILES DE GOUDRON, DE PÉTROLE, etc.

Par expédition d'au moins 5,000 *kilogrammes.*

PRIX DE GARE EN GARE :

5.e Série des Tarifs généraux.

DÉSIGNATION DES MARCHANDISES APPELÉES A JOUIR DU PRÉSENT TARIF :

Acide oléique en fûts. — Bitumes liquides en fûts. — Boghead liquide en fûts. — Dégras en fûts. — Fèces en fûts. — Huile de goudron en fûts. — Huile de houille en fûts. — Huile de naphte en fûts. — Huile de pétrole en fûts. — Huile de schiste en fûts. — Huile de suif en fûts. — Luciline en fûts. — Oléine en fûts. — Saindoux en fûts. — Stéarine.

CONDITIONS.

I. Les prix du présent tarif ne sont applicables qu'aux expéditions d'au moins 5,000 kilogr , les expéditions inférieures à 5,000 kilog. restent soumises au prix et conditions du tarif général, à moins que l'expéditeur n'ait avantage à payer une taxe calculée sur 5,000 kilog., d'après le prix du présent tarif spécial.

II. — La Compagnie se réserve de prolonger, à sa volonté, de cinq jours au-delà des délais règlementaires pour le transport des marchandises à petite vitesse, la durée des transports faisant l'objet de ce tarif.

III. Elle ne répond pas des déchets de route.

IV. Il sera fait une expédition distincte par chaque wagon.

Les déclarations d'expédition devront en conséquence être fractionnées, autant que possible, par wagon, et, dans tous les cas, ne pas porter un poids supérieur à 10,000 kilogrammes.

Date d'homologation : 21 avril 1873.

Par exception, cette mesure ne sera pas appliquée aux expéditions faites à l'intérieur du réseau du Nord, sur des parcours inférieurs à 100 kilomètres.

V. — Les expéditeurs sont tenus, d'ailleurs, de se conformer à tous les règlements et ordres de service de la Compagnie, ainsi qu'à celles des conditions du tarif général qui ne se trouvent pas modifiées par le présent tarif.

AVIS IMPORTANT.

Les prix du présent tarif ne seront appliqués qu'autant que l'expéditeur en aura fait la demande expresse sur sa déclaration. A défaut de cette demande préalable, l'expédition sera taxée de droit aux prix et conditions du tarif général.

Tarif spécial P.V. — N° 28.

FOINS, FOURRAGES SECS, PAILLES, LINS & CHANVRES EN TIGES

Par wagon complet chargé au maximum de 4,000 kilogrammes(1).

PRIX DE GARE EN GARE :

Pour les parcours de 100 kilomètres et moins : 30 c. par wagon et par kilomètre, sans que la taxe puisse être inférieure à 7 fr. par wagon;

Pour les parcours de 100 à 200 kilomètres : 25 c. par wagon et par kilomètre, sans que la taxe puisse être inférieure à 30 fr. par wagon;

Pour les parcours de plus de 200 kilomètres : 20 c. par wagon et par kilomètre, sans que la taxe puisse être inférieure à 50 fr. par wagon.

CONDITIONS.

I. Les prix ci-dessus sont perçus d'après les distances d'application; ils comprennent les frais de gare.

II. La Compagnie emploiera pour ces transports les wagons tels qu'elle les aura à sa disposition au moment de l'expédition. Savoir : Ridelles ayant 4 m. 94 de longueur et 2 m. 25 de largeur ; wagons à houille ayant 4 m. 40 de longueur et 2 m. 25 de largeur.

III. Le chargement et le déchargement seront faits par les soins et aux frais des expéditeurs et des destinataires.

IV. Au départ, les wagons devront être complètement chargés dans les vingt-quatre heures qui suivront leur mise à la disposition des expéditeurs; passé ce délai, il sera perçu un droit de stationnement de 10 francs par wagon entamé ou non entamé et par jour de retard, quelle que soit la contenance du wagon.

A l'arrivée, les wagons devront être complètement déchargés dans la journée du lendemain

(1) Au-delà de 4,000 kilogrammes, le surplus du chargement sera taxé à raison de 0.05 c. par tonne et par kilomètre.

Date d'homologation : 10 juillet 1875.

de la mise à la poste de la lettre d'avis adressée par la Compagnie au destinataire; passé ce délai, la Compagnie pourra, à son choix, ou faire le déchargement et percevoir pour cette opération 0 fr. 30 c. par tonne, sans préjudice des droits ordinaires de magasinage pour les marchandises déchargées à compter de l'expiration du délai ci-dessus fixé, ou laisser les marchandises sur les wagons, en percevant un droit de stationnement de 10 francs par wagon et par jour de retard, quelle que soit la contenance du wagon.

Toutefois les frais ne seront perçus que le surlendemain de la mise à la poste de la lettre d'avis lorsque les destinataires résideront dans une commune qui ne possède pas de bureau de poste.

V. Il sera fait une expédition distincte par chaque wagon.

Les déclarations d'expédition devront en conséquence être fractionnées, autant que possible, par wagon, et, dans tous les cas, ne pas porter un poids supérieur à 10,000 kilogrammes.

Par exception, cette mesure ne sera pas appliquée aux expéditions faites à l'intérieur du réseau du Nord, sur des parcours inférieurs à 100 kilomètres.

VI. Les délais réglementaires pour l'expédition et le transport des marchandises à petite vitesse pourront être dépassés de cinq jours, sans que, pour ce surcroît de délai, la Compagnie soit soumise à aucune indemnité.

AVIS IMPORTANT.

Les prix du présent tarif ne seront appliqués qu'autant que l'expéditeur en aura fait la demande expresse sur sa déclarati n. A défaut de cette demande préalable, l'expédition sera soumise de droit aux prix et conditions des tarifs généraux.

Tarif spécial P.V. — N° 29.

ARDOISES

Par wagon complet de 5,000 kilogrammes.

§ I. — Barême des prix de transport

Frais de gare compris.

Distances.	PRIX par 1,000 kil.	Distances.	PRIX par 1,000 ki.	Distances.	PRIX par 1,000 kil.	Distances.	PRIX par 1,000 kil.	Distances.	PRIX par 1,000 kil.	Distances.	PRIX pa 1,000 kil.
1 à 6k.	» 70	59	3 30	112	4 90	165	6 40	218	6 90	271	8 50
7	» 70	60	3 40	113	4 90	166	6 40	219	7 »	272	8 60
8	» 60	61	3 40	114	5 »	167	6 40	220	7 »	273	8 60
9	» 80	62	3 50	115	5 »	168	6 40	221	7 »	274	8 60
10	» 90	63	3 50	116	5 »	169	6 40	222	7 10	275	8 60
11	« 90	64	3 60	117	5 10	170	6 40	223	7 10	276	8 70
12	1 »	65	3 60	118	5 10	171	6 40	224	7 10	277	8 70
13	1 »	66	3 70	119	5 20	172	6 40	225	7 10	278	8 70
14	1 10	67	3 70	120	5 20	173	6 40	226	7 20	279	8 80
15	1 10	68	3 80	121	5 20	174	6 40	227	7 20	280	8 80
16	1 20	69	3 80	122	5 30	175	6 40	228	7 20	281	8 80
17	1 20	70	3 90	123	5 30	176	6 40	229	7 30	282	8 90
18	1 30	71	3 90	124	5 40	177	6 40	230	7 30	283	8 90
19	1 30	72	4 »	125	5 40	178	6 40	231	7 30	284	8 90
20	1 40	73	4 »	126	5 40	179	6 40	232	7 40	285	8 90
21	1 40	74	4 10	127	5 50	180	6 40	233	7 40	286	9 »
22	1 50	75	4 10	128	5 50	181	6 40	234	7 40	287	9 »
23	1 50	76	4 20	129	5 60	182	6 40	235	7 40	288	9 »
24	1 60	77	4 20	130	5 60	183	6 40	236	7 50	289	9 10
25	1 60	78	4 30	131	5 60	184	6 40	237	7 50	290	9 10
26	1 70	79	4 30	132	5 70	185	6 40	238	7 50	291	9 10
27	1 70	80	4 40	133	5 70	186	6 40	239	7 60	292	9 20
28	1 80	81	4 40	134	5 80	187	6 40	240	7 60	293	9 20
29	1 80	82	4 40	135	5 80	188	6 40	241	7 60	294	9 20
30	1 90	83	4 40	136	5 80	189	6 40	242	7 70	295	9 30
31	1 90	84	4 40	137	5 90	190	6 40	243	7 70	296	9 30
32	2 »	85	4 40	138	5 90	191	6 40	244	7 70	297	9 30
33	2 »	86	4 40	139	6 »	192	6 40	245	7 70	298	9 30
34	2 10	87	4 40	140	6 »	193	6 40	246	7 80	299	9 40
35	2 10	88	4 40	141	6 »	194	6 40	247	7 80	300	9 40
36	2 20	89	4 40	142	6 10	195	6 40	248	7 80	301	9 40
37	2 20	90	4 40	143	6 10	196	6 40	249	7 90	302	9 50
38	2 30	91	4 40	144	6 20	197	6 40	250	7 90	303	9 50
39	2 30	92	4 40	145	6 20	198	6 40	251	7 90	304	9 50
40	2 40	93	4 40	146	6 20	199	6 40	252	8 »	305	9 50
41	2 40	94	4 40	147	6 30	200	6 40	253	8 »	306	9 60
42	2 50	95	4 40	148	6 30	201	6 40	254	8 »	307	9 60
43	2 50	96	4 40	149	6 40	202	6 50	255	8 »	308	9 60
44	2 60	97	4 40	150	6 40	203	6 50	256	8 10	309	9 70
45	2 60	98	4 40	151	6 40	204	6 50	257	8 10	310	9 70
46	2 70	99	4 40	152	6 40	205	6 50	258	8 10	311	9 70
47	2 70	100	4 40	153	6 40	206	6 60	259	8 20	312	9 80
48	2 80	101	4 40	154	6 40	207	6 60	260	8 20	313	9 80
49	2 80	102	4 50	155	6 40	208	6 60	261	8 20	314	9 80
50	2 90	103	4 50	156	6 40	209	6 70	262	8 30	315	9 80
51	2 90	104	4 60	157	6 40	210	6 70	263	8 30	316	9 90
52	3 »	105	4 60	158	6 40	211	6 70	264	8 30	317	9 90
53	3 »	106	4 60	159	6 40	212	6 80	265	8 30	318	9 90
54	3 10	107	4 70	160	6 40	213	6 80	266	8 40	319	10 »
55	3 10	108	4 70	161	6 40	214	6 80	267	8 40	au-delà	10 »
56	3 20	109	4 80	162	6 40	215	6 80	268	8 40		
57	3 20	110	4 80	163	6 40	216	6 90	269	8 50		
58	3 30	111	4 80	164	6 40	217	6 90	270	8 50		

NOTA.— La taxe sera établie sur les distances par rail, sans qu'elle puisse être supérieure à celle qui resulterait de l'application de la 6e série du tarif général.

Date d'homologation : 5 août 1872.

§ II. — Prix particuliers.

POINT DE PROVENANCE.	POINTS DE DESTINATION.	DISTANCES.	PRIX par 1,000 kilogr. frais de gare compris.
HIRSON	Paris (La Chapelle)	195	6 20
	Soissons	93	4 »
	Anizy-Pinon	74	3 30
	Chailvet-Urcel	67	2 90
	La Fère	79	3 50
	Chauny	94	4 10
	Montescourt	95	4 30

NOTA. Les ardoises expédiées aux conditions du présent Tarif, DE OU POUR une station non dénommée ci-dessus, comprise entre deux stations dénommées, jouiront du bénéfice de ce Tarif, en payant pour la distance entière, depuis la dernière station dénommée située avant le lieu de départ, jusqu'à la première station dénommée située après le lieu de destination, si la taxe, ainsi calculée, est plus avantageuse pour les expéditeurs que celle qui résulterait de l'application des prix du barème inscrit au paragraphe 1er du présent tarif.

CONDITIONS.

I. — Les prix du présent tarif ne sont applicables qu'aux expéditions faites par wagon chargé de 5,000 kilog.

Les expéditions inférieures à 5,000 kilogr. restent soumises aux prix et conditions du tarif général, à moins que l'expéditeur n'ait avantage à payer une taxe calculée sur 5,000 kilog., d'après les prix du présent tarif spécial. Le poids excédant 5,000 kilogr. est taxé d'après la même règle.

Dans tous les cas, l'expédition entière est régie par les conditions du tarif spécial.

II. — Ce tarif comprend les frais de gare au départ et à l'arrivée. Le chargement et le déchargement seront faits par les soins des expéditeurs et des destinataires. Dans le cas où une de ces deux opérations devrait être faite par la Compagnie, il lui sera payé 30 centimes par 1,000 kilogr.

III. — Les wagons devront être complètement déchargés dans la journée du lendemain de la mise à la poste de la lettre d'avis adressée par la Compagnie au destinataire ; passé ce délai, la Compagnie pourra, à son choix, ou faire le déchargement et percevoir pour cette opération 0 fr. 30 c. par tonne, sans préjudice des droits ordinaires de magasinage pour les marchandises déchargées, à compter de l'expiration dudit délai, ou laisser les marchandises sur les wagons, en percevant un droit de stationnement de 10 francs par wagon et par jour de retard, quelle que soit la contenance du wagon.

IV. — Elle sera exonérée de toute responsabilité pour les avaries et déchets de route.

V. — La Compagnie se réserve le droit de prolonger, à sa volonté, de cinq jours au-delà des délais règlementaires pour le transport des marchandises à petite vitesse, la durée des transports faisant l'objet de ce Tarif.

VI. — Il sera fait une expédition distincte par chaque wagon.

Les déclarations d'expédition doivent en conséquence être fractionnée, autant que possible, par wagon, et, dans tous les cas, ne pas porter un poids supérieur à 10,000 kilogrammes.

Par exception, cette mesure ne sera pas appliquée aux expéditions faites à l'intérieur du réseau du Nord, sur des parcours inféreurs à 100 kilomètres.

AVIS IMPORTANT.

Les prix du présent Tarif ne seront appliqués qu'autant que l'expéditeur en aura fait la demande expresse sur sa déclaration. A défaut de cette demande préalable, l'expédition sera taxée de droit aux prix et conditions du Tarif général

Tarif spécial P.V. — N° 30.

MARCHANDISES DIVERSES.

NATURE des MARCHANDISES.	CONDITIONS de TONNAGE.	POINTS DE DÉPART.	POINTS DE DESTINATION.	Distances.	PRIX par TONNE.	OBSERVATIONS.
I. **Biscuits de mer,**	Par expédition d'au moins 5,000 kilog. ou payant pour ce poids.	Longpré..........	Boulogne..........	95	12 »	Frais de chargement, de déchargement et de gare compris.
II. **Briques réfractaires,**	Par wagon complet d'au moins 5,000 kilog. ou payant pour ce poids.	Serqueux.	Arras..............	139	7 50	Frais de gare compris.
			Douai.............	165	8 »	
			Mouscron..........	213	9 »	
			Quiévrain..........	211		
III. **Carmin d'indigo,**	Sans condition de de tonnage.	Croix-Wasquehal...	Paris (La Chapelle)...	254	25 «	Frais de chargement, de déchargement et de gare compris.
IV. **Carreaux en faïence, en caisses, cadres ou harasses ou en vrac,**	Par wagon complet d'au moins 5,000 F. ou payant pour 5,000 k. chargem. et déchargem. aux frais, risques et périls des expéditeurs et des destinataires.	Boulogne	Rouen.	240	13 »	Frais de gare compris.
V. **Chaux.**	Par wagon complet d'au moins 5.000 kilog. ou payant pour ce poids,	Saint-Quentin......	La Chapelle.	152	7 »	Y compris les frais de gare au départ et à l'arrivée.
			Argenteuil..........	160		
			Rouen.	205	9 »	
			Jonction près Clères..	194		
		Aulnoye...........	Chauny.	93	6 15	
			Amiens.	151	8 »	
			Lille...............	135	6 75	
		Boulogne..........	Amiens.	123	5 50	
			Lille...............	145	6 50	
		Marquise..........	Rouen.	258	9 »	
			Jonction près Clères..	247		
			Chauny.	227		
			Amiens.	141	6 35	
			Lille.	128	5 75	
		Frontière belge.... près Baisieux....	La Chapelle.	260	10 »	
			Argenteuil.	268		
VI. **Ciments en sacs ou en tonneaux.**	Par expédition d'au moins 5,000 kilog. ou payant pour ce poids.	Saint-Quentin......	Beauvais...........	140	7 »	Y compris les frais de gare au départ et à l'arrivée.
		Boulogne..........	Toutes les gares de la ligne pour lesquelles le prix de la 6e série est supérieur à 9 fr.	»	9 »	
		Calais............ Dunkerque	Toutes les gares de la ligne pour lesquelles le prix de la 6e série est supérieur à 10 fr.	»	10 »	
		Frontière belge ... près Baisieux....	La Chapelle.	260	10 »	
			Argenteuil..........	268		
VII. **Faïence emballée,**	Sans condition de tonnage.	Toutes les gares du réseau.	Toutes les gares du réseau.	2e série du Tarif général. Prix maximum de 20 fr., frais de chargement, de déchargement et de gare compris.		

Date d'homologation : 10 juillet 1875.

NATURE des MARCHANDISES.	CONDITIONS de TONNAGE.	POINTS DE DÉPART.	POINTS DE DESTINATION.	Distances.	PRIX par TONNE.	OBSERVATIONS.
VIII. **Figues sèches et Raisins secs,**	Par wagon complet de 5,000 kilog., ou payant pour ce poids.	Toutes les gares du réseau.	Toutes les gares du réseau.	»	4e série du tarif général.	
IX. **Fromages secs.**	Par expédition d'au moins 1,000 kil. ou payant pour ce poids.	Dunkerque.	Amiens. Abbeville. Lille.	181 219 86	19 » 21 30 9 30	Frais de chargement, de déchargement et de gare compris.
X. **Glace (eau congélée),**	Par wagons complet de 5,000 kilog., ou payant pour ce poids.	Boulogne.	Paris La Chapelle.	252	12 » Frais de gare compris.	Le transport a lieu sans responsabilité pour la déperdition. La taxe est calculée sur le poids brut reconnu au départ.
XI. **Groisil, Verre cassé,**	Par wagon d'au moins 5,000 kil., ou payant pour ce poids.	Abbeville. Laon.	Chauny. Hirson.	132 57	7 » 4 20	Frais de gare compris. D°
		Boulogne. Calais. Dunkerque.	Fourmies.	»	Prix du barême du T. S. N° 12 avec maximum de 12 fr. frais de gare compris.	
XII. **Harengs salés et saurs, Morue salée,**	Par expédition d'au moins 1,000 kil., ou payant pour ce poids.	Boulogne. Dunkerque. Calais.	Jonction près Clères et Rouen.	240 298 284	20 »	Frais de chargement, de déchargement et de gare compris.
XIII. **Houille et coke,**	Par wagon complet.	Gare de Rouen.	Le quai jusqu'au Pont de Pierres.		1 fr. 50 c. par wagon de 10 tonnes.	
Houille et coke.	Pat wagon complet.	Gare de Rouen.	Le quai au-delà du Pont de Pierres.		2 fr. 50 c. par wagon de 10 tonnes.	
XIV. **Machines et mécaniques,**	Par expédition d'au moins 1,000 kil., ou payant pour ce poids.	Rouen. Boulogne. Calais. Dunkerque.	Laon.	224 231 274 259	20 »	Frais de chargement, de déchargement et de gare compris,
		Boulogne. Calais. Dunkerque.	Tourcoing.	156 118 96	14 20 10 80 10 80	
	Par expédition d'au moins 5,000 kil., ou payant pour ce poids.	Rouen. Boulogne. Calais. Dunkerque.	Laon.	224 231 274 259	17 60	
		Boulogne. Calais. Dunkerque.	Tourcoing.	156 118 96	10 70 8 80 8 80	
XV. **Marchandises de toutes natures** arrivées à la gare intérieure de Paris et réexpédiées sur La Chapelle ou sur le chemin de fer de ceinture et les lignes en correspondance.	Sans condition de tonnage.	Paris (Douane).	La Chapelle.	6	75 non compris les frais de manutention.	Les frais de manutention sont fixés comme suit : 1 fr. 50 c. par tonne pour les expédions sans condition de tonnage. 1 fr. par tonne pour les expéditions d'au moins 5,000 kilogr.

NATURE des MARCHANDISES.	CONDITIONS de TONNAGE.	POINTS DE DÉPART.	POINTS DE DESTINATION.	Distances.	PRIX par TONNE.	OBSERVATIONS.
XVI. **Marchandises de toutes natures** venant de l'étranger, que l'expéditeur demande à diriger sur la douane de la gare intérieure de Paris.	Sans condition de tonnage.	La Chapelle. . . .	Paris (Douane). . . .	6	» 75 en sus des taxes homologuées pour La Chapelle.	La même taxe est applicable aux marchandises réexpédiées de Paris (douane) à La Chapelle ou sur le chemin de fer de Ceinture et les lignes en correspondance.
XVII. **Marchandises de toute natures** arrivant ou partant par le Chemin de fer du Nord.	Par wagon complet.	Gare de Rouen et vice-versâ.	Le port de Rouen et vice-versâ.	0.30 c. par tonne avec minimum de 1 fr. 50 par wagon.		
XVIII. **Marchandises de toutes natures** arrivées de l'étranger à l'ancienne gare de Lille. rue de Tournai, et que le destinataire demande à diriger sur les gares de Fives ou de St.-Sauveur.	Sans condition de tonnage.	Lille..............	Fives ou Saint-Sauveur	6	» 60 non compris les frais de manutention fixés comme suit. 1 fr. 50 c. par tonne pour les expéditions sans condition de tonnage. 1 fr. par tonne pour les expéditions d'au moins 5,000 kil.	La même taxe est applicable aux marchandises arrivées de l'intérieur aux gares de St-Sauveur ou de Fives, que le destinataire demande à diriger sur l'ancienne gare de Lille, rue de Tournai, pour les réexpédier à l'étranger après l'accomplissement des formalités en douane.
XIX. **Matériel de fêtes, — Jeux et théâtres de foires. Ménageries. Cirques.**	Chargement et déchargement aux frais, risques et périls des expéditeurs et des destinataires.	Toutes les gares du réseau.	Toutes les gares du réseau.	»	» 40 (1) par kilom. et par wagon chargé au maximum à 5,000 kilog.	Frais de gare à ajouter en sus de la taxe ci-contre : 1 fr. au départ. 1 fr. à l'arrivée. Au-delà de 5,000 kil., la taxe est établie à raison de 0.08 c. par tonne et par kilom., plus 0,40 c. de frais de gare.
XX. **Meubles.**	Taxe appliquée sur un minimun de poids de 4,000 kil. par wagon employé, à la demande de l'Expéditeur. Chargement et déchargement aux frais, risques et périls de l'expéditeur et du destinataire.	Toutes les gares du réseau.	Toutes les gares du réseau.	»	2e série du tarif général sans la majoration prévue par l'article 10 des conditions de ce tarif.	
XXI. **Oranges et citrons.**	Par expédition d'au moins 5,000 kil., ou payant pour ce poids.	Paris............	Frontières de terre ou de mer et réciproquement.	»	30 »	Frais de chargement, de déchargement et de gare compris.

(1) Calculés sur les distances d'application.

NATURE des MARCHANDISES.	CONDITIONS de TONNAGE.	POINTS DE DÉPART.	POINTS DE DESTINATION.	Distances.	PRIX par TONNE	OBSERVATIONS.
XXII. **Papier de goudron.**	Par expédition d'au moins 5,000 kilog. ou payant pour ce poids	Longpré..........	La Chapelle.........	158	12 »	Frais de chargement, de déchargement et de gare compris.
XXIII. **Papier à écrire ou à imprimer. Papier d'emballage ou à sucre.**	Par expédition d'au moins 1,000 kilog.	Lille et Saint Omer.	La Chapelle, Argenteuil, Jonction près Clères et Rouen.	»	23 »	Frais de chargement, de déchargement et de gare compris.
XXIV. **Poires et Pommes à cidre et à la pelle.**	Par wagon complet d'au moins 5,000 kilog. ou payant pour ce poids.	Gournay, Jonction près Clères et Rouen.	Toutes les gares du réseau situées au-delà d'Amiens.	5e série du tarif général. Avec maximum de 15 fr. par tonne. Frais de gare compris.		
XXV. **Tissus et toiles. Fils de coton, de laine ou de lin.**	Par expédition d'au moins 1,000 kilog. ou payant pour ce poids.	Roubaix........... Tourcoing......... Armentières.......	Cambrai, Achiet et vice-versâ.	» » »	40 »	Frais de chargement, de déchargement et de gare compris.
XXVI. **Tuiles.**	Par wagon complet d'au moins 10,000 kilog. — Néanmoins les wagons chargés de 9,500 à 1,000 kil. sont taxée sur le poids réel.	Toutes les gares du réseau.	Toutes les gares du réseau.	»	Prix de la 6e série du tarif général avec maximum de 10 fr.	
XXVII. **Vannerie.**	Par expédition d'au moins 1,000 kilog. ou payant pour ce poids.	Laon....... Origny-en-Thiérach Hirson...... Saint-Quentin...	La Chapelle..... Argenteuil...... Boulogne...... Calais....... Dunkerque.....	» » » » »	1re série du tarif général sans la majoration de 50 p. % prévue par l'art. 10 des conditions de ce tarif.	
XXVIII. **Voitures montées ou démontées.**	2 ou 3 voitures à un ou deux fonds chargées sur un seul wagon. Chargement et déchargement aux soins, risques et périls de l'expéditeur et du destinataire.	Toutes les gares du réseau.	Toutes les gares du réseau.	»	» 40(1) par kilomèt. et par wagon.	Frais de gare à percevoir en sus de la taxe ci-contre : 1 fr. au départ. 1 fr. à l'arrivée.
XXIX. **Wagons à terrassements et wagons de mines montés ou non montés.**	Chargement et déchargement aux soins, risques et périls de l'expéditeur et du destinataire.	Toutes les gares du réseau.	Toutes les gares du réseau.	»	» 30(1) par kilomèt. et par wagon chargé au maximum à 5000 kilog.	Frais de gare en sus de la taxe ci-contre : 1 fr. au départ. 1 fr. à l'arrivée. Au-delà de 5,000 kil., la taxe est établie à raison de 0,06 c. par tonne et par kilom; plus 0,40 c. de frais de gare.

(1) Calculés sur les distances d'application.

NOTA. — Les expéditions DE ou POUR une station non dénommée ci-dessus, comprise entre deux stations dénommées, jouiront du bénéfice du présent Tarif spécial, en payant pour la distance entière, depuis la dernière station dénommée, située avant le lieu de départ jusqu'à la première station dénommée, située, après le lieu de destination, si la taxe, ainsi calculée, est plus avantageuse pour les expéditeurs que celle du Tarif général.

CONDITIONS.

I — La Compagnie se réserve le droit de prolonger à sa volonté, de cinq jours au-delà des délais réglementaires pour les transports à petite vitesse, la durée des transports faisant l'objet de ce Tarif.

II. — Elle est exonérée de toute responsabilité pour les avaries et déchets de route.

III. — Il sera fait une expédition distincte par chaque wagon.

Les déclarations d'expédition devront, en conséquence, être fractionnées autant que possible par wagon, et, dans tous les cas, ne pas porter un poids supérieur à 10,000 kilogr.

Par exception, cette mesure ne sera pas appliquée aux expéditions faites à l'intérieur du réseau du Nord sur des parcours inférieurs à 100 kilomètres.

IV. — Les expéditeurs sont tenus, d'ailleurs, de se conformer à tous les règlements et ordres de service de la Compagnie, ainsi qu'à celles des conditions du Tarif général qui ne se trouvent pas modifiées par le présent Tarif.

AVIS IMPORTANT.

Les prix du présent Tarif ne seront appliqués qu'autant que l'expéditeur en aura fait la demande expresse sur sa déclaration. A défaut de cette demande préalable, l'expédition sera soumise de droit aux prix et conditions du Tarif général.

Tarif spécial P.V. — N° 31

PRODUITS CHIMIQUES.

§ 1er — ACIDES SULFURIQUE, MURIATIQUE, NITRIQUE, CHLORHYDRIQUE, ALCALI VOLATIL, ALUNS, AMMONIAQUE LIQUIDE, CARBONATES, CHLORURE DE CHAUX, CHLORURE LIQUIDE, CHROMATE DE POTASSE, COUPEROSE, CRISTAUX DE SOUDE, EAUX AMMONIACALES, EAU DE JAVELLE, GOUDRON LIQUIDE, MURIATES, NITRATES, POTASSE BRUTE OU RAFFINÉE, SELS DE POTASSE, SEL DE SOUDE, SILICATE DE SOUDE & DE POTASSE, SOUDE BRUTE, SOUFRE BRUT EN CANONS OU EN POUDRE, SULFATES.

Par expédition d'au moins 5,000 *kilogrammes* (1)

Entre toutes les gares du réseau.

Prix du barême ci-après, frais de gare compris.

Distances	PRIX.	Distances	PRIX.	Distances	PRIX.	Distances	PRIX.	Distances	PRIX.	Distances	PRIX.
6 à 10 k.	1 »	48	3 30	86	5 20	124	6 80	162	8 30	200	9 40
11	1 10	49	3 30	87	5 30	125	6 80	163	8 30	201	9 40
12	1 10	50	3 40	88	5 30	126	6 80	164	8 30	202	9 50
13	1 20	51	3 50	89	5 40	127	6 90	165	8 30	203	9 50
14	1 20	52	3 50	90	5 40	128	6 90	166	8 40	204	9 50
15	1 30	53	3 60	91	5 40	129	7 »	167	8 40	205	9 50
16	1 40	54	3 60	92	5 50	130	7 »	168	8 40	206	9 60
17	1 40	55	3 70	93	5 50	131	7 »	169	8 50	207	9 60
18	1 50	56	3 80	94	5 60	132	7 10	170	8 50	208	9 60
19	1 50	57	3 80	95	5 60	133	7 10	171	8 50	209	9 70
20	1 60	58	3 90	96	5 60	134	7 20	172	8 60	210	9 70
21	1 70	59	3 90	97	5 70	135	7 20	173	8 60	211	9 70
22	1 70	60	4 »	98	5 70	136	7 20	174	8 60	212	9 80
23	1 80	61	4 10	99	5 80	137	7 30	175	8 60	213	9 80
24	1 80	62	4 10	100	5 80	138	7 30	176	8 70	214	9 80
25	1 90	63	4 20	101	5 80	139	7 40	177	8 70	215	9 80
26	2 »	64	4 20	102	5 90	140	7 40	178	8 70	216	9 90
27	2 »	65	4 30	103	5 90	141	7 40	179	8 80	217	9 90
28	2 10	66	4 40	104	6 »	142	7 50	180	8 80	218	9 90
29	2 10	67	4 40	105	6 »	143	7 50	181	8 80	219	10 »
30	2 20	68	4 50	106	6 »	144	7 60	182	8 90	220	10 »
31	2 30	69	4 50	107	6 10	145	7 60	183	8 90	221	10 »
32	2 30	70	4 60	108	6 10	146	7 60	184	8 90	222	10 10
33	2 40	71	4 60	109	6 20	147	7 70	185	8 90	223	10 10
34	2 40	72	4 70	110	6 20	148	7 70	186	9 »	224	10 10
35	2 50	73	4 70	111	6 20	149	7 80	187	9 »	225	10 10
36	2 60	74	4 80	112	6 30	150	7 80	188	9 »	226	10 20
37	2 60	75	4 80	113	6 30	151	7 80	189	9 10	227	10 20
38	2 70	76	4 80	114	6 40	152	7 90	190	9 10	228	10 20
39	2 70	77	4 90	115	6 40	153	7 90	191	9 10	229	10 30
40	2 80	78	4 90	116	6 40	154	8 »	192	9 20	230	10 30
41	2 90	79	5 »	117	6 50	155	8 »	193	9 20	231	10 30
42	2 90	80	5 »	118	6 50	156	8 »	194	9 20	232	10 40
43	3 »	81	5 »	119	6 60	157	8 10	195	9 20	au-delà	10 40
44	3 »	82	5 10	120	6 60	158	8 10	196	9 30		
45	3 10	83	5 10	121	6 60	159	8 20	197	9 30		
46	3 20	84	5 20	122	6 70	160	8 20	198	9 30		
47	3 20	85	5 20	123	6 70	161	8 20	199	9 40		

NOTA. — La taxe sera établie sur les distances d application qui figurent aux tableaux des prix des tarifs généraux. Les emballages, touries vides, caisses doublées de plomb, etc., en retour sont transportés au poids réel et aux prix du barême ci-dessus. Pour jouir de cette réduction, l'expéditeur devra fournir la preuve au bureau de départ, au moyen d'une lettre de voiture ou d'un récépissé ne remontant pas à plus d'un mois de date, que la marchandise contenue dans ces touries a été transportée par le chemin de fer du Nord.

(1) Pour les expéditions d'acides en touries, le minimum de poids est fixé à 4,000 kilogrammes par wagon, et le chargement et le déchargement doivent être faits par les expéditeurs et les destinataires à leurs frais, risques et périls.

Date d'homologation : 10 juillet 1875.

§ 2. — BOIS DE FUSTET, BOIS DE CAMPÊCHE, BOIS DE TEINTURE EFFILÉ OU MOULU, BOIS DE TEINTURE EN BUCHES (1), CURCUMA, GALLE DE CHINE TINCTORIALE, ORSEILLE, SUMAC & TARTRE BRUT.

Par expédition d'au moins 5,000 *kilogrammes.*

POINTS DE DÉPART.	POINTS DE DESTINATION.	DISTANCES.	PRIX PAR TONNE non compris les frais de chargement, de déchargement et de gare.
PARIS (LA CHAPELLE)	Cambrai	205	9 »
	Ascq	253	11 60
	Tourcoing	259	11 60
JONCTION PRÈS CLÈRES	Cambrai	237	13 60
	Ascq	236	
	Tourcoing	242	
ROUEN	Cambrai	248	13 60
	Ascq	247	
	Tourcoing	253	
BOULOGNE	Ascq	149	7 »
	Tourcoing	156	
ASCQ	Cambrai	78	5 80
TOURCOING	Cambrai	85	5 80
DUNKERQUE	Cambrai	156	8 20
	Ascq	90	5 80
	Tourcoing	96	5 80

(1) Bois de teinture en bûches de La Chapelle à { Cambrai . . . . 8 fr. / Ascq . . . . . 10 fr. / Tourcoing . . . 10 fr. } (Voir T. S. N° 18, page 65).

§ 3. — BRAI, GOUDRON,

Par expédition d'au moins 5,000 *kilogrammes.*

POINTS DE DÉPART.	POINTS DE DESTINATION.	DISTANCES.	PRIX PAR TONNE y compris les frais de gare (1).
PARIS (LA CHAPELLE)	Erquelinnes	239	7 40
	Somain	228	9 »
ARGENTEUIL	Roubaix	264	8 »
ROUEN & JONCTION PRÈS CLÈRES	Laon	224	8 50
BOULOGNE	Paris (La Chapelle)	252	9 »
CALAIS	Erquelinnes	231	7 40
	Somain	152	4 50
DUNKERQUE	Paris (La Chapelle)	304	9 »
	Erquelinnes	210	7 40
	Somain	131	4 50
	Quiévrain	165	5 30

(1) Ces prix ne comprennent pas les frais de chargement et de déchargement. — Il est loisible au commerce de faire ces opérations. — Dans le cas où la Compagnie en serait chargée, elle percevrait 0,30 centimes par chaque opération.

§ 4. — GOUDRON LIQUIDE, EAUX D'ÉPURATION DE GAZ,

Transportés en wagons-citernes appartenant aux expéditeurs,

Par expédition d'au moins 10,000 *kilogrammes.*

POINTS DE DÉPART ET DE DESTINATION.	PRIX A PERCEVOIR.
A. — Des divers points du réseau vers les gares d'expédition dénommées au tarif de la houille.	Prix du tarif spécial de la houille, de ces gares d'expédition vers les divers points du réseau.
B. — Des divers points du réseau vers les autres gares.	Prix du barème du tarif spécial N° 12 (Voir page 51), avec maximum de 10 fr. par tonne.

NOTA. — Le retour des wagons vides a lieu gratuitement.

§ 5. — NAPHTALINE,

Par expédition d'au moins 10,000 *kilogrammes.*

POINT DE DÉPART.	POINTS DE DESTINATION.	DISTANCES	PRIX PAR TONNE y compris les frais de gare.
SOMAIN.	Paris (La Chapelle).	228	9 »
	Le Bourget	236	9 50

§ 6. — ALLUMETTES CHIMIQUES.

Par expédition d'au moins 5,000 *kilogrammes.*

POINTS DE DÉPART.	POINTS DE DESTINATION.	PRIX PAR TONNE.
Toutes les gares du réseau.	Toutes les gares du réseau.	2e série du tarif général sans la majoration prévue par l'article 11 des conditions de ce tarif.

NOTA. — Les expéditions DE ou POUR une station non-dénommée ci-dessus, comprise entre deux stations dénommées, jouiront du bénéfice des prix particuliers indiqués aux §§ 2, 3, 5 et 6 du présent Tarif spécial ou payant pour la distance entière, depuis la dernière station dénommée, située avant le lieu de départ jusqu'à la première station dénommée, s tuée après le lieu de destination, si la taxe, ainsi calculée, est plus avantageuse pour les expéditeurs que celle du Tarif général.

CONDITIONS.

I. Les prix du présent Tarif ne sont applicables, pour les marchandises désignées aux paragraphes 1, 2, 3 et 6, qu'aux expéditions d'au moins 5,000 kilogrammes; et pour les marchandises désignées aux paragraphes 4 et 5, qu'aux expéditions d'au moins 10,000 kilogrammes.

Les expéditions inférieures aux minima ci-dessus fixés restent soumises aux prix et conditions du tarif général, à moins que l'expéditeur n'ait avantage à payer une taxe calculée sur ces minima, d'après le prix du présent tarif spécial.

II. La Compagnie se réserve de prolonger, à sa volonté, de cinq jours au-delà des délais réglementaires pour le transport des marchandises à petite vitesse, la durée des transports faisant l'objet de ce tarif.

III. Elle est exonérée de toute responsabilité pour les avaries et déchets de route.

IV. Il sera fait une expédition distincte pour chaque wagon.

Les déclarations d'expédition devront, en conséquence, être fractionnées autant que possible par wagon, et, dans tous les cas, ne pas porter un poids supérieur à 10,000 kilogrammes.

Par exception, cette mesure ne sera pas appliquée aux expéditions faites à l'intérieur du réseau du Nord, sur des parcours inférieurs à 100 kilomètres.

V. Les expéditeurs sont tenus, d'ailleurs, de se conformer à tous les règlements et ordres de service de la Compagnie, ainsi qu'à celles des conditions du tarif général qui ne se trouvent pas modifiées par le présent tarif.

AVIS IMPORTANT.

Les prix du présent tarif ne seront appliqués qu'autant que l'expéditeur en aura fait la demande expresse sur sa déclaration. A défaut de cette demande préalable, l'expédition sera taxée de droit aux prix et conditions du tarif général.

Tarif spécial P.V. — N° 32.

SEL MARIN.

Par expédition d'au moins 5,000 kilogrammes.

PRIX PAR 1,000 KILOGRAMMES, *frais de chargement, de déchargement et de gare compris*

DES STATIONS CI-CONTRE AUX STATIONS CI-APRÈS :	ROUEN			ABBEVILLE			SAINT-VALERY			BOULOGNE			CALAIS			DUNKERQUE		
	Distances.	PRIX par TONNE.		Distances.	PRIX par TONNE.		Distances.	PRIX par TONNE.		Distances.	PRIX par TONNE.		Distances.	PRIX par TONNE.		Distances.	PRIX par TONNE.	
Paris (La Chapelle)	»	»	»	174	9	65	193	10	65	252	12	»	296	12	»	304	12	»
Villers-Cotterets	»	»	»	187	10	15	206	11	15	265	12	»	308	12	»	316	12	»
Soissons	»	»	»	188	10	15	207	11	15	266	12	»	310	12	»	295	12	»
Laon	224	12	»	152	8	35	172	9	40	231	12	»	274	12	»	259	12	»
Argenteuil	»	»	»	182	9	65	201	10	65	260	12	»	304	12	»	311	12	»
Pontoise	»	»	»	167	9	30	186	10	30	245	12	»	288	12	»	296	12	»
Luzarches-Survilliers	»	»	»	146	8	25	165	9	25	224	12	»	268	12	»	276	12	»
Senlis	»	»	»	147	8	15	166	9	15	225	12	»	269	12	»	276	12	»
Creil	»	»	»	126	7	25	145	8	25	204	11	20	247	12	»	255	12	»
Beauvais	»	»	»	163	7	30	182	8	30	241	11	25	284	12	»	292	12	»
Compiègne	»	»	»	159	7	45	178	8	45	237	11	25	280	12	»	278	12	»
Noyon	220	10	80	148	7	45	167	8	45	226	11	25	270	12	»	255	12	»
Chauny	204	10	80	132	7	45	151	8	45	210	11	25	253	11	65	239	11	65
Ham	176	9	70	104	6	15	123	7	15	182	9	75	225	11	25	236	11	25
Saint-Quentin	205	11	25	133	7	60	152	8	60	211	9	75	230	10	15	209	10	15
Cambrai	248	12	»	176	8	90	195	9	55	216	8	90	177	7	50	156	7	50
Le Câteau	241	12	»	170	9	45	189	9	75	248	9	75	212	8	85	191	8	85
Jeumont	290	12	»	218	11	20	237	11	35	267	11	25	229	9	85	208	9	85
Clermont	183	8	20	111	6	50	130	7	50	189	10	45	232	11	60	240	11	60
Breteuil	153	8	20	81	5	»	100	6	»	159	8	95	203	10	50	210	10	50
Amiens	117	6	85	45	3	20	64	4	»	123	7	15	167	8	30	181	8	30
Verton	»	»	»	»	»	»	»	»	»	39	3	»	»	»	»	»	»	»
Albert	148	8	40	76	4	80	96	5	80	155	7	40	171	8	35	150	8	35
Arras	185	10	25	113	5	60	132	6	20	173	7	40	135	5	90	114	5	90
Béthune	223	12	»	151	7	40	170	7	40	135	6	45	97	4	50	75	4	50
Douai	210	11	50	139	7	25	158	7	40	176	7	40	137	5	90	116	5	90
Somain	222	12	»	151	8	05	170	8	25	190	8	»	152	6	50	131	6	50
Valenciennes	243	12	»	171	8	90	190	8	90	210	8	40	172	7	»	151	7	»
Lille	243	12	»	171	7	40	190	7	40	145	5	90	107	4	60	86	4	60
Baisieux	252	12	»	180	8	05	199	8	05	155	6	55	116	5	25	95	5	25
Tourcoing	253	12	»	181	8	05	201	8	05	156	6	55	118	5	25	96	5	25

NOTA. — Les expéditions DE OU POUR une station non-dénommée ci-dessus, comprise entre deux stations dénommées, jouiront du bénéfice du présent Tarif spécial en payant pour la distance entière, depuis la dernière station dénommée, située avant le lieu de départ jusqu'à la première station dénommée, située après le lieu de destination, si la taxe, ainsi calculée, est plus avantageuse pour les expéditeurs que celle du tarif général.

Date d'homologation :

CONDITIONS.

I. Les prix du présent tarif ne sont applicables qu'aux expéditions d'au moins 5,000 kilogrammes.

Les expéditions inférieures à 5,000 kilogrammes restent soumises aux prix et conditions du tarif général, à moins que l'expéditeur n'ait avantage à payer une taxe calculée sur 5,000 kilogrammes, aux prix du présent tarif spécial.

II. La Compagnie se réserve la faculté de prolonger, à sa volonté, de cinq jours au-delà des délais réglementaires pour les transports à petite vitesse, la durée des transports faisant l'objet de ce tarif.

III. La Compagnie ne répond pas des avaries et déchets de route.

IV. Il sera fait une expédition distincte par chaque wagon.

Les déclarations d'expéditions devront, en conséquence, être fractionnées autant que possible par wagon, et, dans tous les cas, ne pas porter un poids supérieur à 10,000 kilogrammes.

Par exception, cette mesure ne sera pas appliquée aux expéditions faites à l'intérieur du réseau du Nord, sur des parcours inférieurs à 100 kilomètres.

V. Les sacs vides seront transportés gratuitement au retour, à la condition que l'expéditeur justifiera par un bulletin que le transport de la marchandise qu'ils ont renfermée a bien été effectué par la Compagnie.

Ce bulletin, délivré au départ, sera annexé à la lettre de voiture ou au récépissé accompagnant la marchandise. L'expéditeur n'aura à supporter que les 10 centimes d'enregistrement et les frais de timbre.

VI. Les expéditeurs seront tenus, d'ailleurs, de se conformer exactement à tous les règlements et ordres de service de la Compagnie, ainsi qu'à celles des conditions du tarif général qui ne se trouvent pas modifiées par le présent tarif.

AVIS IMPORTANT.

Les prix du présent tarif ne seront appliqués qu'autant que l'expéditeur en aura fait la demande expresse sur sa déclaration. A défaut de cette demande préalable, l'expédition sera taxée de droit aux prix et conditions du tarif général.

Tarif spécial P.V. — N° 33.

SUCRES BRUTS & GLUCOSES DE MAÏS

Par expédition d'au moins 5,000 *kilogrammes.*

PRIX DE GARE EN GARE :

6e Série des Tarifs généraux,

Avec maximum de 12 fr. par tonne. (Frais de gare compris).

NOTA. — Le prix maximum de 12 fr. ne comprend pas les frais de chargement et de déchargement. Ces opérations sont faites par la Compagnie, et à raison de 0 fr. 30 c. par tonne et pour chaque opération.

CONDITIONS.

I. Les expéditions inférieures à 5,000 kilog. restent soumises aux prix et conditions du tarif général, à moins que l'expéditeur n'ait avantage à payer une taxe calculée sur 5,000 kilog., d'après le prix du présent tarif.

II. Il est fait une expédition distincte par chaque partie de 200 sacs.

Les déclarations d'expédition et les acquits-à-caution doivent, en conséquence, être également fractionnés autant que possible par parties de 200 sacs au maximum.

III. La Compagnie se réserve de prolonger, à sa volonté, de 5 jours au-delà des délais réglementaires pour le transport des marchandises à petite vitesse, la durée des transports faisant l'objet de ce tarif.

IV. Elle ne répond pas des avaries et déchets de route.

V. Les expéditeurs sont tenus, d'ailleurs, de se conformer à tous les règlements et ordres de service de la Compagnie, ainsi qu'à celles des conditions du tarif général qui ne se trouvent pas modifiées par le présent tarif.

AVIS IMPORTANT.

Les prix du présent tarif ne seront appliqués qu'autant que l'expéditeur en aura fait la demande sur sa déclaration. A défaut de cette demande préalable, l'expédition sera taxée de droit aux prix et conditions des tarifs généraux.

(Voir l'avis d'autre part.)

Date d'homologation : 10 juillet 1875.

AVIS AU PUBLIC.

La Compagnie du chemin de fer du Nord a l'honneur de prévenir le public que **les sucres bruts** expédiés directement des diverses gares de son réseau, situées à plus de 40 kilomètres de Paris, aux entrepôts du **Pont-de-Flandre**, jouiront d'une bonification de **1 franc 10 centimes** par 1,000 kilogrammes sur les taxes d'embranchement, de manutention et de magasinage perçues par la Compagnie des **entrepôts et magasins généraux.**

Cette bonification sera faite par les entrepôts et Magasins généraux, et seulement pour les **sucres bruts** remis aux gares en expédition directe sur les entrepôts du **Pont-de-Flandre;** ceux qui y seraient envoyés après avoir été dirigés d'abord sur la gare de La Chapelle restent soumis aux taxes ordinaires,

Paris, le 1er *février* 1867.

Date d'homologation : 8 juin 1867.

Tarif spécial P.V. — N° 34.

ENGRAIS

Par expédition d'au moins 5,000 kilogrammes.

Sous la dénomination d'engrais sont compris :

Les boues, cendres, cendres pour engrais, coprolithes, craie brute pour sucreries, débris de salaisons de poissons, drèche de distillerie, eaux de désuintage, engrais de mer, feuilles pour engrais, fumier, guano, marne, nitrate de soude brute pour engrais, noir pour engrais, os en poudre, phosphate de chaux, poudrette, poussière de laine, pulpe de betteraves, sang en barriques, suie, terreau, terre végétale, terre de bruyère, tourteaux, vieilles chaussures pour engrais.

BARÈME

Des prix à percevoir par 1,000 kilog. (Frais de gare compris).

Distances.	PRIX.	Distances.	PRIX.	Distances.	PRIX.	Distances.	PRIX.	Distances.	PRIX.	Distances.	PRIX.
1	» 80	31	2 30	61	4 10	91	5 30	121	6 20	151	7 10
2	» 80	32	2 30	62	4 10	92	5 30	122	6 30	152	7 20
3	» 80	33	2 40	63	4 20	93	5 30	123	6 30	153	7 20
4	» 80	34	2 40	64	4 20	94	5 30	124	6 30	154	7 20
5	» 80	35	2 50	65	4 30	95	5 30	125	6 30	155	7 20
6	» 80	36	2 60	66	4 40	96	5 30	126	6 40	156	7 30
7	» 90	37	2 60	67	4 40	97	5 30	127	6 40	157	7 30
8	1 »	38	2 70	68	4 50	98	5 30	128	6 40	158	7 30
9	1 »	39	2 70	69	4 50	99	5 30	129	6 50	159	7 40
10	1 »	40	2 80	70	4 60	100	5 30	130	6 50	160	7 40
11	1 10	41	2 90	71	4 70	101	5 40	131	6 50	161	7 40
12	1 10	42	2 90	72	4 70	102	5 40	132	6 60	162	7 50
13	1 20	43	3 »	73	4 80	103	5 50	133	6 60	163	7 50
14	1 20	44	3 »	74	4 80	104	5 50	134	6 60	164	7 50
15	1 30	45	3 10	75	4 80	105	5 60	135	6 60	165	7 50
16	1 40	46	3 20	76	4 90	106	5 60	136	6 70	166	7 60
17	1 40	47	3 20	77	4 90	107	5 70	137	6 70	167	7 60
18	1 50	48	3 30	78	4 90	108	5 70	138	6 70	168	7 60
19	1 50	49	3 30	79	5 »	109	5 80	139	6 80	169	7 70
20	1 60	50	3 40	80	5 »	110	5 80	140	6 80	170	7 70
21	1 70	51	3 50	81	5 »	111	5 90	141	6 80	171	7 70
22	1 70	52	3 50	82	5 10	112	6 »	142	6 90	172	7 80
23	1 80	53	3 60	83	5 10	113	6 »	143	6 90	173	7 80
24	1 80	54	3 60	84	5 10	114	6 »	144	6 90	174	7 80
25	1 90	55	3 70	85	5 10	115	6 »	145	6 90	175	7 80
26	2 »	56	3 80	86	5 20	116	6 10	146	7 »	176	7 90
27	2 »	57	3 80	87	5 20	117	6 10	147	7 »	177	7 90
28	2 10	58	3 90	88	5 20	118	6 10	148	7 »	178	7 90
29	2 10	59	3 90	89	5 30	119	6 20	149	7 10	179	8 »
30	2 20	60	4 »	90	5 30	120	6 20	150	7 10	180	8 »

Date d'homologation : 10 juillet 1875.

Distances	PRIX.	Distances.	PRIX.	Distances.	PRIX.	Distances.	PRIX.	Distances.	PRIX.
181	8 »	211	8 90	241	9 80	271	10 70	301	11 60
182	8 10	212	9 »	242	9 90	272	10 80	302	11 70
183	8 10	213	9 »	243	9 90	273	10 80	303	11 70
184	8 10	214	9 »	244	9 90	274	10 80	304	11 70
185	8 10	215	9 »	245	9 90	275	10 80	305	11 70
186	8 20	216	9 10	246	10 »	276	10 90	306	11 80
187	8 20	217	9 10	247	10 »	277	10 90	307	11 80
188	8 20	218	9 10	248	10 »	278	10 90	308	11 80
189	8 30	219	9 20	249	10 10	279	11 »	309	11 90
190	8 30	220	9 20	250	10 10	280	11 »	310	11 90
191	8 30	221	9 20	251	10 10	281	11 »	311	11 90
192	8 40	222	9 30	252	10 20	282	11 10	312	12 »
193	8 40	223	9 30	253	10 20	283	11 10	et au-delà.	
194	8 40	224	9 30	254	10 20	284	11 10		
195	8 40	225	9 30	255	10 20	285	11 10		
196	8 50	226	9 40	256	10 30	286	11 20		
197	8 50	227	9 40	257	10 30	287	11 20		
198	8 50	228	9 40	258	10 30	288	11 20		
199	8 60	229	9 50	259	10 40	289	11 30		
200	8 60	230	9 50	260	10 40	290	11 30		
201	8 60	231	9 50	261	10 40	291	11 30		
202	8 70	232	9 60	262	10 50	292	11 40		
203	8 70	233	9 60	263	10 50	293	11 40		
204	8 70	234	9 60	264	10 50	294	11 40		
205	8 70	235	9 60	265	10 50	295	11 40		
206	8 80	236	9 70	266	10 60	296	11 50		
207	8 80	237	9 70	267	10 60	297	11 50		
208	8 80	238	9 70	268	10 60	298	11 50		
209	8 90	239	9 80	269	10 70	299	11 60		
210	8 90	240	9 80	270	10 70	300	11 60		

NOTA. — La taxe sera établie sur les distances réels par rail, sans qu'elle puisse être supérieure à celle qui résulterait de la perception :

1° De la 6e série du tarif général calculée d'après les distances d'application, et augmentée des frais de gare ;

2° Des prix maxima fixes pour les parcours indiques au tableau suivant.

TABLEAU DES PRIX MAXIMA.

NATURE DES MARCHANDISES.	POINTS DE DÉPART.	POINTS DE DESTINATION.	Distances en kilom.	PRIX PAR TONNE frais de gare compris.
§ 1er. **Tous les engrais** dénommés au Tarif. . .	Paris, Argenteuil, Beauvais et les stations de Paris à Laon par Soissons et Senlis	Toutes les gares du réseau .	»	7 »
Id.	Toutes les gares du réseau .	Paris, Le Bourget, Argenteuil, Beauvais, Rouen et Jonction près Clères	»	10 »
Id.	Idem . . .	La Fère, Noyon, Chauny, Ham et Saint-Quentin . .	»	9 »
Id.	Rouen et Jonction près Clères	Laon, Cattenières, Cambrai, Sains, Fourmies, Erquelinnes, Calais, Quiévrain, Mouscron, Baisieux et Dunkerque.	»	8 »
§ 2. **Marne**.	Neufchâtel.	Boulogne	15	1 »
	Etaples.	Boulogne	28	1 70
Id.	Lille ou Fives	Steenebecque	52	2 80
		Bailleul.	31	1 70
		Strazeele	39	2 10
		Hazebrouck	45	2 50
		Cassel.	55	2 80
Id.	Lillers.	Steenbecque.	15	1 10
		Hazebrouck.	22	1 50
§ 3. **Cendres pour engrais**, par wagon de 10,000 kilog. ou payant pour ce poids s'il y a avantage pour l'expéditeur.	Chaivelt-Urcel	Vervins.	50	2 50
		Hirson.	67	3 »
		Frontière belge près Anor. .	81	3 85
		Beauvais.	151	4 85
		Aulnoye.	108	4 30
		Conty.	141	4 30
		Famechon.	144	4 30
		Fouilloy	162	4 85
		Formerie.	174	5 20
		Serqueux.	189	5 65
		Rouen	235	6 »
		Jonction près Clères	224	6 »
		Abbeville	163	4 85
§ 4. **Boues de Paris**, par wagon complet chargé de 10,000 kilog.	Paris-La Chapelle.	Toutes les gares du réseau.	Prix du barême du tarif spécial N° 12, page 51.	

NOTA.— Les expéditions DE ou POUR une station non dénommée ci-dessus, comprise entre deux stations dénommées, jouiront du bénéfice de ces prix maxima, en payant pour la distance entière, depuis la dernière station dénommée située avant le lieu de départ, jusqu'à la première station dénommée située après le lieu de destination, si la taxe ainsi calculée est plus avantageuse pour les expéditeurs que celle du barême ci-dessus.

CONDITIONS.

I. Les prix du présent tarif ne sont applicables qu'aux expéditions d'au moins 5,000 kilogrammes.

Les expéditions inférieures à 5,000 kilogrammes restent soumises aux prix et conditions du tarif général, à moins que l'expéditeur n'ait avantage à payer une taxe calculée sur 5,000 kilogrammes aux prix du présent tarif spécial.

II. Le chargement et le déchargement seront faits par les expéditeurs et les destinataires. Dans le cas où les opérations seraient faites par la Compagnie, il lui serait payé 0,30 c. par tonne pour chaque opération.

III. La Compagnie se réserve la faculté de prolonger, à sa volonté, de cinq jours au-delà des délais réglementaires, pour les transports à petite vitesse, la durée des transports faisant l'objet de ce tarif.

IV. Elle est exonérée de toute responsabilité pour les avaries et déchets de route.

V. Il sera fait une expédition distincte par chaque vagon.

Les déclarations d'expéditions devront en conséquence être fractionnées, autant que possible, par wagon, et, dans tous les cas, ne pas porter un poids supérieur à 10,000 kilogrammes.

Par exception, cette mesure ne sera pas appliquée aux expéditions faites à l'intérieur du réseau du Nord, sur des parcours inférieurs à 100 kilomètres.

VI. Les expéditeurs seront tenus, d'ailleurs, de se conformer exactement à tous les règlements et ordres de service de la Compagnie, ainsi qu'à celles des conditions du tarif général qui ne se trouvent pas modifiées par le présent tarif.

AVIS IMPORTANT.

Les prix du présent tarif ne seront appliqués qu'autant que l'expéditeur en aura fait la demande expresse sur sa déclaration. A défaut de cette demande préalable, l'expedition sera taxée de droit aux prix et conditions du tarif général.

Tarif spécial P.V. — N° 35.

JUTES, LINS, CHANVRES

EN BALLES PRESSÉES.

§ 1er. *Expéditions sans condition de tonnage.*

POINTS DE		DISTANCES en kilomètres.	PRIX PAR TONNE, Frais de chargement, de déchargement et de gare compris.
PROVENANCE.	DESTINATION.		
Boulogne	LILLE	145	11 60
Calais	LILLE	107	11 60
Audruicq	LILLE	86	9 »
Bergues	LILLE	78	9 »
Dunkerque	LILLE	86	9 »

§ 2. *Expéditions d'au moins 5,000 kilogrammes ou payant pour ce poids, s'il y a avantage pour l'expéditeur.*

Prix par 1,000 kilog., frais de chargement, de déchargement et de gare compris.

Des GARES CI-CONTRE aux GARES CI-APRÈS.	BOULOGNE.		CALAIS.		DUNKERQUE.	
	DISTANCES.	PRIX.	DISTANCES.	PRIX.	DISTANCES	PRIX.
Amiens	123	8 90	167	11 50	181	12 »
Saleux	131	10 10	174	12 70	188	13 20
Ailly-sur-Somme	114	8 40	156	11 »	190	12 »
Picquigny	109	8 20	153	10 80	195	12 »
Hangest	102	7 80	146	9 40	202	12 »
Longpré	95	7 50	139	10 10	209	12 »
Pont-Remy	87	7 10	131	9 70	217	12 50
Abbeville	79	6 70	122	9 30	219	12 50
Bully-Grenay	»	»	»	»	86	7 10
Lille	»	»	107	7 20	86	6 30
Armentières	»	»	»	»	67	5 50

Date d'homologation : 29 octobre 1875.

§ 3. **CHANVRE BRUT** *par wagon complet d'au moins* 5,000 *kilog. ou payant pour ce poids, de* **Thourotte à La Chapelle** *et réciproquement* :

7 fr. par tonne, *y compris les frais de chargement, de déchargement et de gare.*

NOTA. Les expéditions *de* ou *pour* une station non dénommée aux paragraphes qui précèdent, comprise entre deux stations dénommées, jouiront du bénéfice du présent Tarif spécial, en payant pour la distance entière depuis la dernière station dénommée, située avant le lieu de départ, jusqu'à la première station dénommée, située après le lieu de destination, si la taxe ainsi calculée est plus avantageuse pour les expéditeurs que celle du Tarif général.

CONDITIONS.

I. La Compagnie se réserve la faculté de prolonger, à sa volonté, de cinq jours au-delà des délais réglementaires pour les transports à petite vitesse, la durée des transports faisant l'objet de ce tarif.

II. Les expéditeurs seront tenus, d'ailleurs, de se conformer exactement à tous les règlements et ordres de service de la Compagnie, ainsi qu'à celles des conditions du Tarif général qui ne se trouvent pas modifiées par le présent tarif.

III. La Compagnie décline toute responsabilité pour les avaries résultant du manque d'emballage.

AVIS IMPORTANT.

Les prix du présent tarif ne seront appliqués qu'autant que l'expéditeur en aura fait la demande expresse sur sa déclaration. A défaut de cette demande préalable, l'expédition sera taxée de droit aux prix et conditions du Tarif général.

Tarif spécial P.V. N° 36.

PIERRES A PLATRE — PLATRE A BATIR

Par expédition d'au moins 5,000 kilogrammes.

Prix par 1,000 kilogrammes.

§ 1er Pour les parcours non désignés au § 2 : 6e série des tarifs généraux, sans que la taxe puisse être supérieure à celle résultant du barême de la 4e classe.

§ 2. Prix spéciaux (frais de gare compris).

DES GARES CI-CONTRE AUX GARES CI-APRÈS.	PARIS (LA CHAPELLE) ARGENTEUIL, ENGHIEN, SANNOIS, HERBLAY, AUVERS-MÉRY.		SURVILLIERS, ISLE-ADAM.		SAINT-LEU.		CREIL.		LE BOURGET & SEVRAN.	
Jusqu'à Creil inclusivement	6e série des Tarifs généraux.						»		»	
Mouy-Bury	4	20	3	80	2	30	1	80	5	20
Hermes-Berthecourt	4	70	4	30	2	80	2	30	5	70
Beauvais	5	»	5	»	3	80	3	40	6	»
Gournay	»	»	»	»	»	»	»	»	6	»
Pont-Sainte-Maxence	3	90	3	50	2	»	1	50	4	90
Compiègne	4	»	4	»	3	60	3	10	5	»
Noyon	5	»	5	»	5	»	4	70	6	»
Laon	6	»	6	»	6	»	6	»	6	»
Au-delà de Laon vers Hirson et au-delà.	7	»	7	»	7	»	7	»	7	»
Nesle	6	»	6	»	6	»	6	»	6	»
Chaulnes	6	»	6	»	6	»	6	»	7	»
Saint-Quentin	6	»	6	»	6	»	6	»	6	»
Au-delà	7	»	7	»	7	»	7	»	7	»
Liancourt-sous-Clermont	3	60	3	20	1	80	1	20	4	60
Clermont	4	10	3	70	2	20	1	80	5	10
Amiens	5	»	5	»	5	»	5	»	6	»
Abbeville	5	»	5	»	5	»	5	»	6	»
Noyelles	6	»	6	»	6	»	6	»	7	»
Au-delà	7	»	7	»	7	»	7	»	8	»
Fouilloy	6	»	6	»	6	»	6	»	7	»
Au-délà	7	»	7	»	7	»	7	»	8	»
Arras	5	»	5	»	5	»	5	»	6	»
Lens	6	»	6	»	6	»	6	»	7	»
Vitry	6	»	6	»	6	»	6	»	7	»
Au-delà	7	»	7	»	7	»	7	»	8	»

NOTA. — Les expéditions DE ou POUR une station non-dénommée ci-dessus, comprise entre deux stations dénommées, jouiront du bénéfice du présent tarif spécial, en payant, pour la distance entière, depuis la dernière station dénommée située avant le lieu de départ, jusqu'à la première station dénommée située après le lieu de destination, si la taxe ainsi calculée est plus avantageuse pour les expéditeurs que celle de la 6e série du tarif général ou du barême de la 4e classe.

Date d'homologation : 10 juillet 1875.

CONDITIONS.

I. Les prix du présent tarif ne sont applicables qu'aux expéditions d'au moins 5,000 kilog.

Tout wagon chargé de moins de 5,000 kilog. sera taxé, au choix de l'expéditeur, ou au prix du présent tarif spécial calculé sur le poids minimum de 5,000 kilog., ou au prix du tarif général calculé sur le poids réel de l'expédition.

II. Les prix du tarif comprennent les tarifs de gare au départ et à l'arrivée. Le chargement ou le déchargement seront faits par les expéditeurs et les destinataires. Dans le cas où l'une de ces opérations serait faite par la Compagnie, elle lui serait payée 0,30 cent. par 1,000 kilog.

III. La Compagnie se réserve le droit de prolonger, à sa volonté, de cinq jours au-delà des délais réglementaires pour le transport des marchandises à petite vitesse, la durée des transports faisant l'objet de ce trarif.

IV. Elle sera exonérée de toute responsabilité pour les avaries et déchets de route.

V. Il sera fait une expédition distincte par chaque wagon.

Les déclarations d'expédition devront en conséquence être fractionnées, autant que possible, par wagon, et, dans tous les cas, ne pas porter un poids supérieur à 10,000 kilogrammes.

Par exception, cette mesure ne sera pas appliquée aux expéditions faites à l'intérieur du réseau du Nord, sur des parcours inférieurs à 100 kilomètres.

VI. Les sacs vides seront transportés gratuitement au retour, à la condition que l'expéditeur justifiera par un bulletin que le transport de la marchandise qu'ils ont renfermée a bien été effectué par la Compagnie.

Ce bulletin, délivré au départ, sera annexé à la lettre de voiture ou au récépissé accompagnant la marchandise. L'expéditeur n'aura à supporter que les 10 centimes d'enregistrement et les frais de timbre.

VII. Les expéditeurs seront tenus d'ailleurs de se conformer exactement à tous les règlements et ordres de service de la Compagnie, ainsi qu'à celles des conditions du tarif général qui ne se trouvent pas modifiées par le présent tarif.

AVIS IMPORTANT.

Les prix du présent tarif ne seront appliqués qu'autant que l'expéditeur en aura fait la demande expresse sur sa déclaration. A défaut de cette demande préalable, l'expédition sera taxée de droit aux prix et conditions du tarif général.

Tarif spécial d'exportation P. V. — N° 37

POUR LE TRANSPORT DES MARCHANDISES

EN DESTINATION DES PAYS D'OUTRE-MER,

Par les ports de **BOULOGNE**, **CALAIS** et **DUNKERQUE.**

STATIONS. DE DÉPART.	STATIONS. D'ARRIVÉE.	SÉRIES.	PRIX par 1,000 KILOGRAMMES Frais de chargement, de déchargement et de gare compris (1).
PARIS (LA CHAPELLE), **ARGENTEUIL, SOISSONS, LAON, HIRSON, BEAUVAIS, GOURNAY, COMPIÈGNE, SAINT-QUENTIN, JONCTION PRÈS CLÈRES & ROUEN.**	Boulogne. Calais. Dunkerque	1re série.	30 fr. »
		2e —	26 »
		3e —	23 »
		4e —	20 »
		5e —	18 »
		6e —	15 »
LAON & HIRSON.	Jonction près Clères et Rouen	7e —	12 »

NOTA. — Les marchandises *destinées à l'exportation*, expédiées d'une station non dénommée, comprise entre deux stations dénommées, jouiront du bénéfice du présent Tarif, en payant les prix fixés depuis la station dénommée située avant le lieu de départ, jusqu'à celui des ports dénommés par où aura lieu l'exportation, si ces prix sont plus avantageux pour les expéditeurs que ceux qui résulteraient de l'application des Tarifs généraux ou spéciaux de la Compagnie.

(1) Contrairement à l'article 10 du tarif général de petite vitesse, les marchandises faisant l'objet du présent tarif et qui ne pèseraient pas 200 kilog. sous le volume d'un mètre cube, seront taxées sans majoration.

Date d'homologation : 23 octobre 1875.

Nomenclature, par ordre alphabétique, des Marchandises appelées à jouir du présent Tarif.

NATURE.	Séries.
Acides minéraux	7
Acides oléiques et autres	7
Agrafes métalliques	3
Albumine	2
Alcali volatil	6
Allumettes chimiques	1
Alun	7
Amidon	7
Anis	4
Antimoine	6
Arbres et arbustes	1
Armes de guerre	1
Articles dits d'industries parisienne et algérienne	1
Asphalte	7
Baleine brute	4
Baryte	7
Beurre	2
Bimbeloterie	1
Bitume solide W. C	7
Bois de charonnage préparés W C	6
Bois de fusils équarris	5
Bois de placage	5
Bois exotiq. en billes ou en bûches	7
Bois préparés pour meubles non montés ni vernis	4
Boissellerie (formes, jouets en bois, toupies, sifflets en bois, dominos communs, moules, pipes en bois, cadres communs)	3
Boissons en caisses ou en paniers	2
Bonneteries	2
Bougies	4
Bourres de poils d'animaux	5
Bourre de soie	2
Boutons en corne, en faïence et en os	3
Boyaux en fûts	6
Bronze ouvré	1
Brosserie	1
Brosserie en chiendent	3
Calicot blanchi	3
Calicot écru	4
Caoutchouc ouvré	3
Caractères d'imprimerie	4
Cardes	2
Cartonnage	1
Carton brut en feuilles	4
Chanvre brut en balles pressées	4
Chapeaux de paille et de latanier	1
Chapellerie pour hommes	1
Châtaignes et marrons	6
Chaussures	1
Chiendent	4
Chiffons en balles pressées	7
Chiques	5
Chocolat	2
Cirage	4
Cirage W C	6
Cire brute	4
Clouterie	7
Coffres-forts	3
Colle-forte	6
Compteurs à gaz	3
Confiserie	1
Conserves	1
Conserves à l'huile et au vinaigre	3
Coques de cacao (1)	4
Coques de cacao, W. C.	7
Corail brut	1
Cornes brutes	4
Corroierie	2
Coton brut en balles pressées	4
Couleurs en barils	6
Couleurs en caisses ou en paniers	1
Coutellerie	2
Crin brut ou végétal en balles pressées	4
Cristal de roche brut	4
Cristaux	1
Cuirs en caisses	4
Cuirs en balles	4
Cuivre brut en plaq. ou en saumons	7
Cuivre laminé ou en tuyaux	7
Cylindres en verre, sans respons.	3
Daguerréotype (articles de)	1
Déchets de coton	4
Déchets de laine	4
Déchets de peaux et de cuir	6
Déchets de soie	2
Déchets d'étoupes par wagon de 5,000 k. ou payant pour ce poids	7
Dégras en fûts	5
Denrées coloniales non dénommées	1
Dents d'éléphant	2
Droguerie	1
Eau-de-vie en caisses ou en paniers	2
Eaux minérales	6
Écaille brute	2
Écaille ouvrée	1
Ecorces médicinales	3
Écorces tinctoriales non dénomm.	4
Encres	4
Épingles	3
Éponges en balles pressées	1
Essence de térébenthine en fûts	4
Essieux	7
Estampes	1
Étain en feuilles	3
Étain en plaques ou en saumons	7
Extraits tinctoriaux en fûts	6
Faïences	4
Fécules alimentaires non dénom.	2
Ferronnerie	4
Feutre bitumé (2)	3
Fil de chanvre, de coton ou de lin, blanchis ou teints pour coudre	4
Fils de chanvre, de coton ou de lin, blanchis ou teints, pour tissage	2
Fils de chanvre, de coton ou de lin, non blanchis ni teints, p^r tissage	4
Fils d'acier, de laiton et de cuivre	4
Fils de fer	7
Fils de laine	2
Fontes d'ornement emballées	4
Fournitures de bureau	1
Fromages secs	4
Fruits secs	7
Ganterie	1
Gazogènes	2
Gélatine en fûts	5
Glaces sans responsabilité	1
Glucose	5
Glycérine	5
Gomme brute	6
Graines fourragères	7
Graines oléagineuses	7
Graines potagères	5
Graines tinctoriales	5
Graisses en fûts	6
Horlogerie	1
Horloges en bois	3
Huile de suif en fûts	5
Huile d'olive en fûts	1
Instruments aratoires	3
Instruments de chirurgie, de physique, d'optique et de précision	1
Laine en poudre	4
Laine en suint ou lavée	2
Lampes	2
Légumes secs	7
Légumes desséchés et comprimés	6
Légumes conservés	4
Librairie	1
Liqueurs	1
Litharge	6
Lits en fer	4
Locomotives démontées	4
Locomotiv. roulant s. leurs essieux	6
Machines et mécaniques en caisses	4
Marbres ouvrés ou polis	2
Marrons	6
Mèches en coton	3

(1) Au départ de Saint-Quentin pour Boulogne, Calais et Dunkerque, cette marchandise sera taxée au prix du tarif général, plus avantageux pour l'expéditeur que le prix du présent tarif.

(2) Au départ de Saint-Quentin pour Boulogne, cette marchandise sera taxée au prix du tarif général, plus avantageux pour l'expéditeur que le prix du présent tarif.

NATURE.	Séries.	NATURE.	Séries.	NATURE.	Séries.
Mercerie	1	Poils de vaches (1)	4	Sucres bruts pilés, concassés en sacs, caisses ou tonneaux, W.C.	7
Meubles en caisses	2	Pommes en vrac ou en sacs	6	Tapis de laine	2
Meules à moudre	7	Pommes vertes en fûts	5	Tartre brut	6
Modes	1	Porcelaine sans responsabilité	3	Tenders démontés	4
Moutarde	3	Porte-bouteilles en fer	3	Tenders roulant sur leurs essieux	6
Nickel et autres métaux communs	7	Poterie en fûts	4	Tissus de coton ou de laine	2
Noix vertes ou sèches en sacs	4	Presses lithographiques en caisses	1	Toiles de chanvre ou de lin	2
Œillets métalliques	3	Produits chimiques non dénommés, en fûts ou en sacs	7	Toiles à sacs ou d'emballage	4
Œufs	2	Quincaillerie non dénommée	1	Toiles cirées	2
Orgues	1	Racines medicinales	3	Toiles métalliques	4
Outils	4	Racines tinctoriales	4	Tresses de paille fine	1
Papier à écrire ou à imprimer	4	Ressorts pour voitures et wagons	7	Ustensiles en cuivre	2
Papiers d'emballage	5	Rocou et pâtes tinctoriales	5	Ustensiles en fer battu ou en fonte sans responsabilité	4
Papiers peints	5	Roues de wagons	7	Vannerie	1
Parfumerie	1	Savon de toilette	3	Vernis en caisses ou en paniers	3
Parquets en chêne	4	Savon mou en barils	6	Vernis en fûts	5
Passementerie	1	Sellerie	2	Verrerie commune, sans resp. (1)	4
Pâtes et fécules alimentaires non dénommées	2	Serrurerie	4	Verrerie fine	1
Pâtes de bois pour papier	7	Siéges en fer pour jardins	3	Vieilles chaussures	7
Peaux non preparées	3	Sommiers élastiques	3	Vieux fusils (2)	4
Peaux préparées	1	Soie grége filée ou moulinée	1	Vieux papiers en balles pressées	7
Pendules	1	Soies de porc	4	Vinaigres en fûts	5
Photographie (articles de)	1	Spiritueux en fûts	4	Vins en caisses ou en paniers	4
Pianos	1	Stéarine	4	Vins en fûts	5
Pierres à aiguiser préparées	4	Stéréoscopes	1	Wagons à voyageurs démontés	1
Pierres lithographiques brutes	4	Sucres raffinés emballés	4	Wagons à marchandises démontés	6
Plomb en saumons ou en plaques	7	Sucres raffinés par wagon complet de 5,000 kil. en vrac, chargés et déch., par l'expédit. et le destin., ou en cadres	6	Zinc laminé et en tuyaux	6
Plomb en tuyaux	6			Zinc ouvré	1
Plumes en balles pressées	1			Zostère en balles pressées	4
Poils de chèvre et de lapin	3				

Nota. — Les marchandises non dénommées dans le tableau ci-dessus et dénommées dans le tableau de classification du Tarif Spécial N° 38 ci-après, peuvent être expédiées vers les ports aux prix indiqués dans ce dernier tarif.

CONDITIONS.

I. Le présent tarif ne s'applique qu'aux marchandises en destination des pays d'outre-mer, exportées par l'un des ports désignés ci-dessus.

II. La Compagnie peut exiger de l'expéditeur ou du destinataire toute justification utile sur la destination de la marchandise.

III. Les expéditeurs ont toujours le choix entre les prix et conditions du présent Tarif et les prix et conditions, soit du Tarif général, soit des Tarifs spéciaux.

(1) Au départ de Saint-Quentin pour Boulogne, Calais et Dunkerque, cette marchandise sera taxée au prix du tarif général, plus avantageux pour l'expéditeur que le prix du présent tarif.

(2) Au départ de Saint-Quentin pour Boulogne, cette marchandise sera taxée au prix du tarif général, plus avantageux pour l'expéditeur que le prix du présent tarif.

IV. Ils devront d'ailleurs se conformer à tous les règlements et ordres de service de la Compagnie, et à celles des conditions des Tarifs généraux qui ne se trouvent pas modifiées par le présent Tarif.

V. Conformément à l'article 8 du décret du 26 avril 1862, le présent tarif d'exportation ne pourra pas être supprimé avant le 1er janvier 1876. Passé ce délai, ce tarif continuera d'être appliqué de trois mois en trois mois, jusqu'à ce que la Compagnie ait fait connaître à l'Administration supérieure et au public, dans les formes prévues par le décret précité, les modifications qu'elle se proposerait d'y apporter, ou sa suppression.

AVIS IMPORTANT.

Les prix du présent tarif ne seront appliqués qu'autant que l'expéditeur en aura fait la demande expresse sur sa déclaration, en indiquant la contrée pour laquelle la marchandise est destinée.

A défaut de cette demande et de cette indication, l'expédition sera taxée de droit aux prix et conditions du Tarif général.

Tarif spécial P.V. — N° 38.

POUR LE TRANSPORT DE

CERTAINES MARCHANDISES

En provenance de BOULOGNE, de CALAIS et de DUNKERQUE.

(Voir au verso la nomenclature.)

STATIONS DE DÉPART.	STATIONS D'ARRIVÉE.	SÉRIES.	PRIX par 1,000 kilogrammes. Frais de chargement, de déchargement et de gare compris. (1)
Boulogne . . . . Calais . . . . Duukerque	PARIS (LA CHAPELLE), ARGENTEUIL, SOISSONS, LAON, HIRSON, BEAUVAIS, GOURNAY, COMPIÈGNE, SAINT-QUENTIN, JONCTION PRÈS CLÈRES & ROUEN.	1re série. 2e — 3e — 4e — 5e — 6e — 7e —	30fr. » 26 » 23 » 20 » 18 » 15 » 12 »
Jonction près Clères et Rouen .	LAON & HIRSON.		

(1) Contrairement à l'article 10 du tarif général de petite vitesse, les marchandises faisant l'objet du présent tarif, et qui ne pèseraient pas 200 kilog., sous le volume d'un mètre cube, seront taxées sans majoration.

NOTA. — Les expéditions DE ou POUR une station non dénommée ci-dessus, comprise entre deux stations dénommées, jouiront du bénéfice du présent Tarif spécial en payant pour la distance entière depuis la dernière station dénommée, située avant le lieu de départ, jusqu'à la première station dénommée, située après le lieu de destination, si la taxe, ainsi calculée, est plus avantageuse pour les expéditeurs que celles des tarifs généraux ou spéciaux de la Compagnie.

Date d'homologation : 10 juillet 1875.

Nomenclature, par ordre alphabétique, des marchandises appelées à jouir du présent Tarif.

NATURE.	SÉRIES.
Acides minéraux, W. C.	7
Acides oléiques et autres, W. C.	7
Acier brut en planches et en barres	5
Acier brut en planches par expédition d'au moins 1,000 kilogrammes	7
Acier non recouvert pour crinolines	4
Aiguilles à coudre	1
Albumine	2
Alcali volatil, W. C.	6
Alun, W. C.	7
Amidon	5
Anis	4
Antimoine, W. C.	6
Arbres et arbustes	1
Armes de guerre	1
Arsenic, W. C.	7
Asphalte, W. C.	7
Baleine brute	6
Bandages de roues par expédition d'au moins 1,000 kilog	7
Bières en fûts, W. C.	5
Bimbeloterie	1
Biscuits	2
Bitume solide, W. C.	7
Bois équarris ou en planches, W. C.	7
Bois exotiques en billes ou en buches	7
Bois indigène en billes	7
Boissellerie	3
Boissons non dénommées	3
Borax brut	6
Bonneterie	2
Bougies	4
Bourre de poils d'animaux	5
Bourre de soie	2
Boutons en cornes, en faïence et en os	3
Brai, W. C.	7
Brosserie	1
Cacao	4
Cacao, W. C.	6
Cachou brut	6
Café	4
Café, W. C.	6
Calicot blanchi	3
Calicot écru	4
Camphre brut	5
Caoutchouc brut	6
Caoutchouc brut, W. C.	7
Caoutchouc ouvré	3
Caractères d'imprimerie	4
Cardes	2
Cendres d'orfèvre, W. C.	4
Chanvre brut en balles pressées, W. C.	4
Chapeaux de paille et de latanier	1
Chiendent	4
Chiffons, W. C.	7
Cire brute	4
Citrons	1
Clefs ébauchées	5
Clefs ébauchées par expédition d'au moins 1,000 kilog	7
Clouterie	5
Clouterie par expédition d'au moins 1,000 kilog	7
Cochenille	1
Coffres-forts	2
Coffres-forts, W. C.	5
Colle forte	6
Conserves à l'huile et au vinaigre	3
Coquillages secs	7
Corail brut	1
Cordages vieux pour papier	7
Cornes brutes	4
Cornes brutes, W. C.	7
Corroierie	2
Coton brut en balles pressées	4
Couleurs en barils	6
Couleurs en caisses ou en paniers	1
Coutellerie	2
Créosote	5
Creusets en plombagine	4
Creusets en plombagine, W. C.	6
Crin brut ou végétal en balles pressées	4
Cristaux	1
Cruchons vides, W. C.	7
Cuirs en caisses	2
Cuirs en balles	4
Cuirs bruts verts ou secs en poils	5
Cuivre brut en plaques ou en saumons	5
Cuivre brut en plaques ou en saumons, W. C.	7
Cuivre en tuyaux	6
Curcuma	5
Curcuma, W. C.	7
Daguerréotypes (article de)	1
Déchets de coton	4
Déchets de cuir	4
Déchets de laine	3
Déchets de soie	2
Dégras en fûts	5
Denrées coloniales non denommées	1
Dents d'éléphants	2
Droguerie	1
Eaux minérales	4
Écaille brute	2
Écorces médicinales	3
Écorces tinctoriales non dénommées	4
Encre	4
Épingles	3
Éponges en balles pressées	1
Essence de térébentine en fûts	4
Essieux	5
Essieux par expédition d'au moins 1,000 kilog	7
Étains en plaques ou en saumons	5
Étains en plaques ou en saumons, W. C.	7
Extraits tinctoriaux en fûts	6
Estampes	1
Faïence	4
Fécules alimentaires non dénommées	2
Fer brut	7
Ferronnerie	4
Feuilles de latanier	2
Feutre bitumé	3
Fils de chanvre, de coton ou de lin blanchis ou teints pour coudre	1
Fils de chanvre, de coton ou de lin pour tissage	2
Fils de jute blanchis ou teints, pour tissage	2
Fils de jute non blanchis ni teints, pour tissage	4
Fils de poils de chèvre	2
Fils d'acier, de laiton et de cuivre	4
Fils de fer	5
Fils de fer par expédition d'au moins 1,000 kilog	7
Fournitures de bureau	1
Friperie	1
Fromages secs	4
Fruits secs	3

NATURE.	SÉRIES.
Gélatine en fûts	5
Glycérine	5
Gomme brute	6
Gomme brute, W. C.	7
Goudron W. C.	7
Graines fourragères, W. C.	7
Graines fourragères	5
Graines oléagineuses, W. C.	7
Graines oléagineuses	5
Graines potagères	5
Graines tinctoriales	5
Graisse en fûts	6
Graisse en fûts, W. C.	7
Horloges en bois	3
Huile de houille en fûts	5
Huile de naphte en fûts	5
Huile de palme et de coco en fûts	6
Huile de palme et de coco, W. C.	7
Huile de pétrole en fûts	5
Huile de poisson en fûts	5
Huile de ricin en fûts	1
Huile de suif en fûts	5
Indigo	1
Instruments aratoires	3
Instruments de chirurgie, de physique, d'optique et de précision	1
Jalousies en fer	4
Joncs et rotins	5
Jute brute en balles pressées	4
Lainé en poudre	4
Laine en suint ou lavée	2
Librairie	1
Limes	4
Lin brut en balles pressées, W. C.	4
Litharge	6
Lucilline	5
Machines et mécaniques en caisses	4
Machines non emballées	2
Mèches en coton	3
Mercerie	1
Mercure	3
Nacre brute en sacs	5
Nacre ouvrée	1
Noix de cocos	2
Noix de Galle	5
Noix de corossos	5
Onglons de bétail	4
Oranges	1
Orge perlé	4
Orge perlé, W. C.	6
Orgues	1
Orseille en balles pressées	5
Orseille en balles pressées, W. C.	7
Os bruts en sacs	6
Os bruts en sacs, W. C.	7
Outils	4
Ouvrages en métal anglais	1
Papier à écrire ou à imprimer	1
Papiers peints	5
Parfumerie	1
Passementerie	1
Pâtes et fécules alimentaires non dénommées	2
Peaux non préparées	3
Peaux préparées	1
Peaux vertes, salées ou sèches	5
Perles en verre	4
Photographie (articles de)	1
Pianos	1
Pierres lithographiques brutes	4
Plomb en saumons ou en plaques	5
Plomb en saumons ou en plaques, W. C.	7
Plomb en tuyaux	5
Plomb en tuyaux, W. C.	7
Plumes en balles pressées	1
Poils de chèvre et de lapin	3
Poils communs d'animaux	4
Poivre	2
Poix	6
Porcelaine sans responsabilité	3
Poterie de Staffordshire	4
Presses lithographiques en caisses	1
Produits chimiques solides non dénommés en fûts ou en sacs, W. C	7
Quincaillerie non dénommés	1
Quinqnina	3
Racines médicinales	3
Racines tinctoriales	4
Résine	6
Ressorts pour voitures et wagons	5
Ressorts pour voitures et wagons, par expédon d'au moins 1,000 k.	7
Riz, W. C.	7
Rocou et pâtes tinctoriales	5
Roues de wagon	5
Roues de wagon, par expédition d'au moins 1,000 kilog	7
Sabots de bétail	4
Sabots de bétail, W.C	6
Safranum	3
Safranum, W.C	7
Sagou	4
Savon de toilette	3
Savon mou en barils	6
Serrurerie	4
Soie grège filée ou moulinée	1
Soies de porc	4
Spiritueux en fûts, W. C.	4
Stéarine	4
Stéréoscope	1
Tapioca	4
Tapis de feutre	3
Tapis de jute et de coco	3
Tapis de laine communs	2
Tartre brut	6
Terre à foulon, W. C.	7
Tissus de coton ou de laine	2
Toiles cirées	2
Toiles cuirs en caisses	2
Toiles cuirs en balles	4
Toiles métalliques	4
Toiles de chanvre ou de lin	2
Tôles en caisses	4
Tuyaux en fer	5
Tuyaux en fer, par expédition d'au moins 1,000 kilog	7
Ustensiles en cuivre	2
Ustensiles en fer battu ou en fonte, sans responsabilité	4
Vernis en caisses ou en paniers	3
Vernis en fûts	5
Verrerie commune, sans respons.	4
Verrerie fine	1
Viande fumée ou salée	3
Vins en caisses ou en paniers	4
Vins en fûts	5
Zinc en saumons ou en plaques	5
Zinc en saumons ou en plaques, W.C	7
Zinc laminé ou en tuyaux	5
Zinc laminé ou en tuyaux, W.C.	7
Zinc ouvré	1
Zostères en balles pressées	4

...TA. — W.C. veut dire par expédition d'au moins 5,000 kilogrammes.

CONDITIONS.

I. La Compagnie se réserve le droit de prolonger à sa volonté, de cinq jours au-delà des délais réglementaires pour les transports à petite vitesse, la durée des transports faisant l'objet de ce tarif.

II. La Compagnie ne répond pas des avaries et déchets de route.

III. Les expéditeurs ont toujours le choix entre les prix et conditions du présent tarif spécial et les prix et conditions soit du tarif général, soit des autres tarifs spéciaux de la Compagnie.

IV. Les expéditeurs seront tenus, d'ailleurs, de se conformer exrctement à tous les règlements et ordres de service de la Compagnie, ainsi qu'à celles des conditions du tarif général qui ne se trouvent pas modifiées par le présent tarif.

AVIS IMPORTANT.

Les prix du présent tarif ne seront appliqués qu'autant que l'expéditeur en aura fait la demande expresse sur sa déclaration. A défaut de cette demande préalable, l'expédition sera taxée de droit au prix et conditions du tarif général.

Tarif spécial P.V. — N° 39.

POUR LE TRANSPORT DES

MARCHANDISES CI-APRÈS DÉSIGNÉES

1° De **LILLE, ROUBAIX, TOURCOING, ARMENTIÈRES, CAMBRAI** et **LE CATEAU**,

en destination de **PARIS** (La Chapelle) et d'**ARGENTEUIL** et réciproquement.

NATURE DES MARCHANDISES.	Prix par 1,000 kilog. Frais de chargement, de déchargement et de gare compris.	
	Départ de LILLE, ROUBAIX, TOURCOING, ARMENTIÈRES. (1)	Départ de CAMBRAI ET DU CATEAU.
Calicot blanchi	29 fr.	27 fr.
Calicot écru	26 »	24 »
Fils de chanvre, de coton ou de lin blanchis ou teints pour coudre	36 »	34 »
Fils de chanvre, de coton ou de lin blanchis ou teints pour tissage	32 »	30 »
Fils de chanvre, de coton, d'étoupe ou de lin non blanchis ni teints pour tissage	26 »	24 »
Tapis de laine commun	32 »	30 »
Tissus de coton ou de laine	32 »	30 »
Toiles de chanvre ou de lin	32 »	30 »
Sacs vides neufs	25 »	23 »

(1) Les prix de cette colonne sont applicables au départ de la jonction près Clères et de Rouen pour Lille, Roubaix, Tourcoing, Armentières, Cambrai, Le Cateau et réciproquement.

2° COTONS FILÉS ÉCRUS EMBALLÉS

DE CRITOT A ROUEN. . . . . **5** fr. **60** c.

Frais de chargement, de déchargement et de gare compris.

3° FILS DE JUTE

DE LILLE A PARIS-LA CHAPELLE ET ARGENTEUIL. . . . . . **20** fr. »

Frais de chargement, de déchargemect et de gare compris.

NOTA. — Les expéditions DE ou POUR une station non dénommée ci-dessus, comprise entre deux stations dénommées, jouiront du bénéfice du présent Tarif spécial, en payant pour la distance entière, depuis la dernière station dénommée située avant le lieu de départ, jusqu'à la première station dénommée située après le lieu de destination, si la taxe ainsi calculée est plus avantageuse pour les expéditeurs que celle du Tarif général.

Date d'homologation : 10 juillet 1875.

CONDITIONS.

I. L'application du présent Tarif spécial aura toujours lieu d'office : elle est soumise en tous points aux conditions des Tarifs généraux de la Compagnie.

II. Les déclarations d'expédition doivent reproduire textuellement celle des dénominations de marchandises ci-dessus qui se rapporte à la nature exacte de la marchandise expédiée. Faute de précision, le prix le plus élevé sera toujours appliqué.

Tarif spécial P.V. — N° 40.

MARCHANDISES DE FAIBLE DENSITÉ

Par wagon complet d'au moins 4,000 ou 5,000 kilogrammes, ou payant pour ce poids, s'il y a avantage pour l'expéditeur.

Nomenclature, par ordre alphabétique, des marchandises appelées à jouir du tarif.

MARCHANDISES.	SÉRIES. Par wagon complet de 4,000 kilog	Par wagon complet de 5,000 kilog.	MARCHANDISES.	SÉRIES. Par wagon complet de 4,000 kilog.	Par wagon complet de 5 000 kilog.
Arbres et arbustes vivants . .	3	»	Faïence	3 (2)	»
Balais de Bordeaux, de bouleau, de bruyère, de cameline, de jonc et de paille . .	4	»	Gaudes	4	»
Boissellerie	3	»	Halpha.	5	6
Bourre de coton	4	»	Laines brutes en toison ou vrac.	4	»
Bruyère	4	»	Osier	4	»
Cercles en bois	5	»	Osier brut non écorcé et non fendu	5	6
Chardons	4	»	Paniers vides neufs.	4	»
Chaussures	3	»	Peaux de lapin brutes	4	»
Chiffons	5	6	Peaux de mouton en laine brutes	4	»
Chiffons triturés	5	6	Plantes vivantes	3	»
Dames-Jeannes	5	»	Porte-bouteilles en fer se pliant	»	2
Déchets de coton	4	»	Poterie commune et touries en terre cuite	5	6
Déchets d'étoupes	5	6	Poterie non vernie, en terre cuite	5	6
Déchets de laine, de fil de laine et de fil de coton	4	5	Rognures de carton ou de papier	5	6
Déchets de lin	4	5	Roseaux	4	»
Déchets de papier ou de carton.	5	6 (1)	Rotins, façonnés ou non . . .	4	»
Disse et autres plantes pour papier	5	6	Sorgho (tiges de)	4	»
Drilles.	5	6	Touries en terre cuite	5	6
Écorces à tan	6	»	Tuyaux en ciment	5	6
Étoupes	4	»	Varech	4	»
			Verrerie commune	5	»
			Vieux papiers	5	6 (1)
			Zostère	4	»

(1) Les prix maxima de la 2e catégorie du Tarif spécial N° 18 sont applicables à ce transport.

(2) Avec maximum de 20 francs.

Date d'homologation : 10 juillet 1875.

CONDITIONS.

I. La Compagnie affectera spécialement à ces transports des wagons ayant les dimensions suivantes :

Longueur, 4 m. 94 ; — Largeur. 2 m. 25.

En aucun cas, elle ne pourra être astreinte à fournir un matériel d'une plus grande capacité.

Les expéditeurs sont tenus de demander quarante-huit heures à l'avance, aux gares de départ, les wagons dont ils ont besoin.

II. Le chargement sera fait par les soins et aux frais des expéditeurs.

Toutefois, la Compagnie pourra faire cette opération moyennant 0 fr. 30 cent. par tonne, si l'expéditeur lui en fait la demande expresse et déclare rester seul responsable vis-à-vis du destinataire à raison du poids plus ou moins considérable chargé sur wagon.

III. Chaque wagon employé, quel que soit le poids effectivement chargé, paiera, pour 4,000 ou 5,000 kilogrammes au prix de la série afférente à la marchandise conformément au tableau ci-dessus ; à moins qu'il n'y ait avantage pour le commerce à taxer aux prix et conditions du tarif général.

Pour les wagons chargés sur les autres réseaux, cette même clause sera appliquée, sans que les destinataires puissent invoquer contre la Compagnie, soit les dimensions du matériel employé, soit la manière dont le chargement a été fait.

IV. Au départ, les wagons devront être complètement chargés dans les vingt-quatre heures qui suivront leur mise à la disposition des expéditeurs ; passé ce délai, il sera perçu un droit de 10 fr. par wagon entamé ou non entamé, et par jour de retard, quelle que soit la contenance des wagons.

A l'arrivée, les wagons devront être complètement déchargés dans la journée du lendemain de la mise à la poste de la lettre d'avis adressée par la Compagnie au destinataire ; passé ce délai, la Compagnie pourra, à son choix, ou faire le déchargement et percevoir pour cette opération 0 fr. 30 cent. par tonne, sans préjudice des droits ordinaires de magasinage pour les marchandises déchargées, à compter de l'expiration du délai ci-dessus fixé, ou laisser les marchandises sur les wagons, en percevant un droit de stationnement de 10 fr. par wagon et par jour de retard, quelle que soit la contenance du wagon. Toutefois, ces frais ne seront perçus que le surlendemain de la mise à la poste de la lettre d'avis, lorsque les destinataires résideront dans une commune qui ne possède pas de bureau de poste.

V. Il sera fait une expédition distincte par chaque wagon.

Les déclarations d'expédition devront, en conséquence, être fractionnées autant que possible par wagon, et, dans tous les cas, ne pas porter un poids supérieur à 10,000 kilogrammes.

Par exception, cette mesure ne sera pas appliquée aux expéditions faites à l'intérieur du réseau du Nord, sur des parcours inférieurs à 100 kilomètres.

VI. La Compagnie ne répond pas des déchets et avaries de route.

VII. Les délais réglementaires pour l'expédition et le transport des marchandises à petite vitesse pourront être dépassés de cinq jours, sans que, pour ce surcroît de délai, la Compagnie soit soumise à aucune indemnité.

VIII. Les expéditeurs sont tenus d'ailleurs, de se conformer exactement à tous les règlements et ordres de service de la Compagnie, ainsi qu'à celles des conditions du Tarif général qui ne se trouvent pas modifiées par le présent Tarif.

AVIS IMPORTANT.

Les prix du présent Tarif ne seront appliqués qu'autant que l'expéditeur en aura fait la demande expresse sur sa déclaration. A défaut de cette demande préalable, l'expédition sera soumise de droit aux prix et conditions des Tarifs généraux.

Tarif spécial P.V. — N° 41.

DÈLAI

POUR

L'ENLÈVEMENT DES SUCRES BRUTS

A la gare de La Chapelle.

I. La Compagnie accorde, pour l'enlèvement des sucres bruts adressés en gare de La Chapelle, un délai de huit jours, depuis la mise à la poste de la lettre d'avis adressée par elle aux destinataires.

II Les sucres qui, pour quelque cause que ce soit, n'auront pas été enlevés de la gare de La Chapelle dans le délai ci-dessus fixé, paieront pour magasinage, après le huitième jour, le droit suivant :

10 *cent. par fraction indivisible de* 100 *kilogrammes et par jour*

Date d'homologation : 30 novembre 1866.

Tarif spécial d'Exportation P. V. — N° 42.

POMMES DE TERRE ET OIGNONS

Par expédition d'au moins 5,000 kilogrammes

En destination des pays d'Outre-Mer, exportés par JONCTION PRÈS CLÈRES, ROUEN, SAINT-VALERY, BOULOGNE, CALAIS et DUNKERQUE.

1° POMMES DE TERRE.

5e *Série des Tarifs généraux, avec les maximâ ci-après ;*

STATIONS DE DÉPART.	STATIONS DE DESTINATION.	DISTANCES.	Prix par 1000 kil. y compris les frais de chargement, de déchargement et de gare.
Arras	Boulogne	173	8 »
Id.	Calais	135	6 50
Id.	Dunkerque	114	6 50
Bully-Grenay	Id.	86	5 50
Cambrai	Id.	156	7 10
Douai	Boulogne	176	8 »
Id.	Calais	137	6 50
Id.	Dunkerque	116	6 50
Ham et Nesle	Boulogne	176	9 »
Id.	Saint-Valery	117	6 50
Lille	Calais	106	5 50
Id.	Boulogne	145	7 »
Id.	Dunkerque	86	5 50
Saint-Quentin	Saint-Valery	152	8 »
Seclin	Boulogne	154	9 50
Id.	Calais	115	[illegible] »
Id.	Dunkerque	94	6 »
Somain	Boulogne	190	50
Id.	Calais	152	7 10
Id.	Dunkerque	131	7 10
Valenciennes	Boulogne	210	9 50
Id.	Calais	172	8 »
Id.	Dunkerque	154	8 »
Aire	Id.	56	4 »
Armentières	Id.	67	4 »
Les autres points de la ligne	Jonction près Clères	»	10 »
	Rouen	»	
	Saint-Valery	»	
	Boulogne	»	
	Calais	»	
	Dunkerque	»	

2° OIGNONS.

STATIONS DE DÉPART.	STATIONS DE DESTINATION.	
Toutes les gares du réseau	Jonction près Clères	5e série des tarifs généraux avec maximum de 12 fr. par tonne (y compris les frais de chargement, de déchargement et de gare).
	Rouen	
	Saint-Valery	
	Boulogne	
	Calais	
	Dunkerque	

NOTA. — Les pommes de terre et les oignons **destinés à l'exportation**, expédiés d'une station non-dénommée, comprise entre deux stations dénommées, jouiront du bénéfice du présent Tarif, en payant les prix fixés depuis la dernière station dénommée située avant le point de départ, jusqu'à celui des ports dénommés par où aura lieu l'exportation, si ces prix sont plus avantageux pour les expéditeurs que ceux qui résulteraient de l'application des Tarifs généraux.

Date d'homologation : 25 octobre 1875.

CONDITIONS.

I. Les prix du présent Tarif ne sont applicables qu'aux expéditions d'au moins 5,000 kilogrammes.

Les expéditions inférieures à 5,000 kilogrammes restent soumises aux prix et conditions du Tarif général, à moins que l'expéditeur n'ait avantage à payer une taxe calculée sur 5,000 kilogrammes, d'après le prix du présent Tarif spécial.

II. Les prix maximâ ci-dessus comprennent les frais de chargement, de déchargement et de gare, lorsque les pommes de terre et les oignons sont transportés en sacs.

Si le transport a lieu en vrac, le chargement et le déchargement doivent être faits par les expéditeurs et les destinataires. Dans le cas où l'une de ces opérations serait faite par la Compagnie, il lui serait payé 0,30 c. par tonne.

III. La Compagnie se réserve la faculté de prolonger, à sa volonté, de cinq jours au-delà des délais règlementaires pour les transports à petite vitesse, la durée des transports faisant l'objet de ce Tarif.

IV. Elle ne répond pas des avaries et déchets de route.

V. Le présent Tarif ne s'applique qu'aux pommes de terre et oignons exportés par l'un des ports désignés ci-dessus.

VI. La Compagnie peut exiger de l'expéditeur ou du destinataire toute justification utile sur la destination de la marchandise.

VII. Les expéditeurs ont toujours le choix entre les prix et conditions du présent Tarif et les prix et conditions du Tarif général.

VIII. Il sera fait une expédition distincte par chaque wagon.

Les déclarations d'expédition devront, en conséquence, être fractionnées autant que possible par wagon, et, dans tous les cas, ne pas porter un poids supérieur à 10,000 kilogrammes.

Par exception, cette mesure ne sera pas appliquée aux expéditions faites à l'intérieur du réseau du Nord sur des parcours inférieurs à 100 kilomètres.

IX. Ils devront d'ailleurs se conformer à tous les règlements et ordres de service de la Compagnie, et à celles des conditions des Tarifs généraux qui ne se trouvent pas modifiées par le présent Tarif.

X. Conformément à l'article 8 du décret du 26 avril 1862, le présent tarif d'exportation ne pourra pas être supprimé avant le 1er janvier 1876. Passé ce délai, ce tarif continuera d'être appliqué de trois mois en trois mois, jusqu'à ce que la Compagnie ait fait connaître à l'administration supérieure et au public, dans les formes prévues par le décret précité, les modifications qu'elle se proposerait d'y apporter, ou sa suppression.

AVIS IMPORTANT.

Les prix du présent Tarif ne seront appliqués qu'autant que l'expéditeur en aura fait la demande expresse sur sa déclaration, en indiquant la contrée pour laquelle la marchandise est destinée.

A défaut de cette demande et de cette indication, l'expédition sera taxée de droit aux prix et conditions du Tarif général.

CHEMIN DE FER DU NORD.

TARIF SPÉCIAL P. V. N° 43.

Marchandises en général entre les gares de PARIS (La Chapelle) et SOISSONS.

CLASSIFICATION DES MARCHANDISES

Par ordre alphabétique.

NOTA. — Les lettres W. C. signifient wagon complet.

MARCHANDISES.	SÉRIE.
A	
Abats	3
Absinthe en balles	1
Absinthe (liqueur d')	2
Absinthe (liqueur d') en fûts, sans responsabilité	3
Acajou en billes	4
Acajou en feuilles	1
Acétate d'alumine	3
Acétate de cuivre	3
Acétate de fer	3
Acétate de plomb	3
Acide acétique	3
Acide arsénieux	1
Acide borique	3
Acide chlorhydrique	1
Acide citrique	1
Acide hydrochlorique	1
Acide muriatique	1
Acide nitrique	1
Acide oléique	3
Acide oxalique	2
Acide pyroligneux	4
Acide stéarique	2
Acide sulfurique	1
Acide tartrique	3
Acides minéraux non dénommés	1
Acides minéraux expédiés par w. c. de 5,000 kil. ou payant pour ce poids, sans responsabilité	4
Acier à ressorts pour crinolines	2
Acier à ressorts pour voitures	3
Acier brut	3
Acier en barres	3
Acier ouvré	2
Affûts en fer ou en fonte	2
Agaric	1
Agrafes	1
Aiguilles à coudre	1
Aiguilles à tricoter	1
Ail frais	1
Ail sec	2
Albâtre brut	3
Albâtre ouvré	1
Albumine	1
Alcali volatil	1
Alcali volatil par w. c. de 5,000 kil. ou payant pour ce poids, sans responsabilité	3
Alcool	2
Alcool en fûts, sans responsabilité	3
Alizari	3
Allumettes chimiques (voir le tarif exceptionnel fixé par l'art. 11 des tarifs généraux de petite vitesse.	»
Allumettes chimiques en caisses, sans responsabilité	2
Allumettes chimiques en caisses, par w. c. de 4,000 kilog. ou payant pour ce poids, sans responsabilité	3
Alquifoux	4
Alumine	3
Alun	4
Alunite	4
Amadou	1
Amandes fraîches	1
Amandes de palmier	2
Amandes sèches	2
Ambre	1
Amiante	2
Amidon	3
Ammoniaque liquide	1
Ammoniaque liquide, par w. c. de 5,000 kilog. ou payant pour ce poids, sans responsabilité	3
Anchois à l'huile	1
Anchois salés	2
Ancres de marine	3
Anis	1
Antimoine cru	3
Antimoine régule	2
Appareils à gaz	1
Appareils inodores	1
Arbres en fer	3
Arbres et arbustes vivants (*)	1
Arbres et arbustes vivants, par w. c. de 5,000 kilog. ou payant pour ce poids, sans responsabilité	3
Arcansons	3
Ardoises en tables	3
Ardoises pour écrire	3
Ardoises pour toitures	4
Argile	3
Armes	1
Armes de guerre	3
Arrow-root	1
Arsenic	1
Arsenic en fûts	3
Articles dits d'industrie parisienne	1
Artifices (voir le tarif exceptionnel fixé par l'art. 11 des tarifs généraux de petite vitesse)	»

(*) Conformément à l'article 10 des Tarifs généraux de petite vitesse, les marchandises suivies d'un astérisque sont taxées moitié en sus du prix fixé par le Tarif, lorsqu'elles ne pèsent pas 200 kilogrammes sous le volume d'un mètre cube. Cette augmentation n'est point applicable aux frais accessoires.

Date d'homologation : 8 novembre 1875.

MARCHANDISES.	SÉRIE.
Asbeste	2
Asphalte	3
Asphodèles	3
Aveina	3
Avelanèdes	3
B	
Bablah	1
Bâches en toile ou en cuir	2
Bacs en tôle	2
Baguettes pour cadres	1
Baies de genièvre	3
Baies de laurier	1
Balais de Bordeaux	3
Balais de bouleau	3
Balais de bruyère	3
Balais de cameline	3
Balais de crin	1
Balais de joncs	3
Balais de paille	3
Balais de plumes	1
Balais de bouleau, de cameline et de Bordeaux, par w. c. de 5,000 kilog. ou payant pour ce poids	4
Balances en cuivre	1
Balances en fer	1
Baleines brutes	2
Baleines ouvrées	1
Bambous	1
Bandages de roues	3
Barillons pour fourrages	3
Barreaux de grilles en fer ou en fonte	3
Baryte	4
Bascules	1
Bascules encaissées, sans responsabilité	3
Bateaux, dont la longueur n'excède pas 6m50	1
Battoirs en bois	3
Baudruche	1
Baume	1
Becquets	3
Benjoin	1
Betteraves	4
Beurre de coco	2
Beurre de coco, sans responsabilité	3
Beurre demi-sel	2
Beurre frais	1
Beurre rance	3
Beurre salé ou fondu	3
Bichromate de fer	3
Bichromate de potasse	3
Bichromates non dénommés	1
Bielles	3
Bières	2
Bières en bouteilles ou en cruchons, en caisses ou en harasses, sans responsabilité	3
Bières en fûts	3
Bières en fûts, sans responsabilité de coulage	4
Billards (*)	1
Billes en agate	3
Billes en grès	4
Billes en ivoire	1
Billes en marbre	4
Bimbeloterie non dénommée	1
Bimbeloterie de Morez	2
Bimbeloterie de St-Claude	2
Biscuits de mer	3
Bismuth	3
Bitter	2
Bitter en fûts, sans responsabilité	3
Bitumes liquides	1
Bitumes solides	3
Blanc d'argent	1
Blanc de baleine	1
Blanc de céruse	3
Blanc d'Espagne, de Meudon et de Troyes	3
Blanc fialin ou chrismagène	3
Blanc de zinc	3
Bleu d'azur	1
Bleu d'outremer	1
Bleu d'outremer par w. c. chargé d'au moins 5,000 kilog. ou en payant pour ce poids	3
Bleu de Prusse	1
Blousses de laine	2
Boghead liquide	1
Bois à brûler dit de corde	3
Bois à brûler non dénommés	3
Bois brut pour cannes ou parapluies	3
Bois de buis ou de bruyère, brut ou ébauché	3
Bois de campêche en bûches	3
Bois de campêche en bûches, par w. c. de 5,000 kilog. ou payant pour ce poids, sans responsabilité	4
Bois de charpente dont la longueur n'excède pas 6m50	3
Bois de charpente en grume, dont la longueur n'excède pas 6m50	3
Bois de charronnage façonné	2
Bois de charronnage non façonné	3
Bois de cornouiller	3
Bois d'ébénisterie façonné	1
Bois d'ébénisterie non façonné	3
Bois façonnés dont la désignation suit, par w. c. de 2,000 kilog. ou payant pour ce poids : croisées, persiennes, portes et volets	3
Bois de fusain	1
Bois de fusils	3
Bois de fustet	2
Bois de menuiserie façonné	1
Bois de menuiserie non façonné	3
Bois de réglisse	3
Bois de teinture effilés ou moulus	3
Bois de teinture en bûches	4
Bois en feuilles pour placage	1
Bois exotiques en billes ou en bûches	4
Bois jaune en bûches	4
Bois pour brosses et manches	3
Bois scié et débité pour allumettes	3
Bois scié et débité pour allumettes, par wagon chargé d'au moins 4,000 kilog. ou en payant pour ce poids	4
Bois triturés	4
Bois feuillard pour cercles et treillages	3
Boissellerie	2
Boissellerie par w. c. de 5,000 kilog. ou payant pour ce poids	3
Boissons non dénommées	2
Boissons non dénommées, en fûts, sans responsabilité	3
Boîtes à graisse	3
Boîtes de roues	3
Boîtes de tampons pour wagons	3
Boîtes vides en bois-blanc	2
Boîtes vides en bois-blanc emballées	3
Bombes	3
Bombonnes en terre cuite	2
Bombonnes en terre cuite par wagon chargé d'au moins 5,000 kilog., sans responsabilité, chargement et déchargement par les soins et aux frais, risques et périls des expéditeurs et des destinataires	3
Bondes	3
Bonneterie	1
Borate de soude	3
Borax brut	3
Borax raffiné	1
Bouchons	1
Bougies	1
Bougies en caisses ou en tonneaux	2
Bougies en caisses ou en tonneaux, sans responsabilité	3
Bouilleurs	3
Boulets	3
Boulons	3
Bourre de coton	3
Bourre de fusils	2
Bourre de laine	3
Bourre de poils d'animaux	3
Bourre de soie	2
Bourrellerie	1
Bourrées	3
Bouteilles vides	2
Bouteilles vides en caisses ou en harasses, sans responsabilité	3
Bouteilles vides en vrac par w. c. de 5,000 kilog. ou payant pour ce poids, sans responsabilité, emballage, déballage, chargement et déchargement par les soins et aux frais, risques et périls des expéditeurs ou des destinataires	3
Boutons	1
Boutons de porcelaine, sans responsabilité	3
Boyaux	2
Brai gras	4
Brai sec	4
Braise	3
Briques	3
Briques réfractaires	3
Broches en bois	2
Broches pour filatures	1
Bronze en lingots	3
Brosserie	1
Brosses de chiendent	3
Brouettes	3
Bruyère	3
Bruyère par w. c. de 5,000 kilog. ou payant pour ce poids	4
Buis en rameaux	3

(*) Conformément à l'article 10 des Tarifs généraux de petite vitesse, les marchandises suivies d'un astérisque sont taxées moitié en sus du prix fixé par le Tarif, lorsqu'elles ne pèsent pas 200 kilogrammes sous le volume d'un mètre cube. Cette augmentation n'est point applicable aux frais accessoires.

MARCHANDISES.	SÉRIE.
C	
Cabas vides	1
Câbles électriques	3
Câbles en chanvre	3
Câbles en fer	3
Cacao	3
Cachou	2
Cachou brut pour teinture, sans responsabilité	3
Cadres pour emballage, démontés	3
Cadres pour tableaux ou glaces	1
Cadres vides pour emballage (*)	2
Café en grains	3
Café moulu	2
Cages (*)	1
Cages pour emballage, démontées	3
Cages vides pour emballage (*)	1
Caisses de voitures non peintes et non garnies(*)	1
Caisses de voitures de chemin de fer et de wagon démontées	1
Caisses de voitures de chemin de fer et de wagons vides (*)	1
Caisses démontées	3
Caisses vides (*)	1
Calcaire asphaltique en moellons	3
Calicot blanchi	2
Calicot blanchi emb., sans responsabilité	3
Calicot écru	2
Calicot écru, sans responsabilité	3
Camions démontés	3
Camphre	1
Canevas	1
Cannelle	1
Cannes	1
Canots dont la longueur n'excède pas 6m50	1
Cantharides	1
Caoutchouc brut	2
Caoutchouc ouvré	1
Câpres conservées	1
Câpres fraîches	1
Capsules (Voir le Tarif exceptionnel fixé par l'article 11 des Tarifs généraux de petite vitesse)	»
Caractères d'imprimerie	1
Caramel	2

MARCHANDISES.	SÉRIE.
Caramel en fûts	2
Caramel en fûts, sans responsabilité	3
Carbonate d'ammoniaque	2
Carbonate d'ammoniaque en fûts	3
Carbonate de baryte	4
Carbonate de chaux	4
Carbonate de potasse	4
Carbonate de soude	4
Cardamome	1
Cardes	1
Carets (tortues)	1
Carmin d'indigo	1
Carnasse	1
Carottes	3
Carottes, par w. c. de 5,000 kilog. ou payant pour ce poids, sans responsabilité	4
Carottes (graine de)	4
Caroubes	3
Carreaux de meules	3
Carreaux en ciment	3
Carreaux en faïence	1
Carreaux en faïence sans responsabilité	3
Carreaux en marbre	1
Carreaux en marbre, sans responsabilité	3
Carreaux en faïence et en marbre emballés, par w. c. de 5,000 kilog. ou payant pour ce poids, sans responsabilité	4
Carreaux en faïence et en marbre en vrac par w. c. de 5,000 kilog. ou payant pour ce poids, sans responsabilité, chargement et déchargement par les soins et aux frais, risques et périls des expéditeurs ou des destinataires	4
Carreaux en pierre	3
Carreaux en terre cuite	3
Carrosserie (*)	1
Cartes à jouer	1
Cartes géographiques	1
Carton bitumé	3
Carton brut en feuilles	1
Carton brut en feuilles emballé, sans responsabilité	3
Carton goudronné pour toitures	3
Carton lisse en feuilles	1
Carton lisse en feuilles emballé, sans responsabilité	3
Carton brut et lisse en vrac, sans responsabilité	3
Carton pâte en feuilles	1
Carton pâte en feuilles emballé, sans responsabilité	3

MARCHANDISES.	SÉRIE.
Carton-pâte en vrac, sans responsabilité	3
Carton-pierre	1
Carton-pierre emballé, sans responsabilité	2
Cartonnage	1
Cascarille	1
Cassis (vin ou liqueur de)	2
Cassis en fûts, sans responsabilité	3
Cédrats	1
Cendres d'orfèvre	3
Cercles en bois	3
Cercles en fer	3
Céruse	3
Cévadille	1
Chaînes en fer	3
Chaises communes en bois blanc	2
Chaises fines en bois (*)	1
Chaises en fer (*)	3
Châles	1
Champignons frais	1
Champignons secs	2
Chandelles	1
Chandelles en caisses ou en tonneaux	2
Chandelles en caisses ou en tonneaux, sans responsabilité	3
Chanvre brut ou teillé	3
Chanvre en tiges	3
Chanvre filé pour tissage	1
Chanvre filé simple écru pour tissage	1
Chanvre filé simple, écru pour tissage, emballé	2
Chanvre cardé ou peigné	3
Chapeaux de paille (*)	1
Chapeaux de paille gross.	1
Chapeaux de palmier ou de latanier (*)	2
Chapellerie (*)	1
Charbon de bois	3
Charbon dit de Paris	3
Charcuterie	1
Chardons (*)	2
Charpentes en fer	3
Charpie	4
Charrettes démontées	2
Charronnage	2
Chasselas	1
Châssis ferrés	1
Châssis d'affûts en fer ou en fonte	2
Châtaignes	3
Chaudières	3
Chaudronnerie en cuivre	2
Chaudronnerie en fer	3
Chaudronnerie en fonte	3

MARCHANDISES.	SÉRIE.
Chaudronnerie en tôle	3
Chaudronnerie non dénom.	1
Chaussures	1
Chaux	3
Chenets en fonte	3
Cheveux	1
Chevillettes de rails	3
Chevrons dont la longueur n'excède pas 6 mèt. 50 c	3
Chicorée en cossettes	3
Chicorée en cossettes, par wagon complet de 5,000 kilog. ou payant pour ce poids, sans responsabilité	4
Chicorée en poudre	3
Chicorée en racines	3
Chicorée en racines, par w. c. de 5,000 k. ou payant pour ce poids, sans resp.	4
Chiendent	2
Chiffons	4
Chiffons triturés	4
Chinois	1
Chiques en agate	3
Chiques en grès	4
Chiques en marbre	4
Chlorate	3
Chlorure de chaux	4
Chlorure de sodium	4
Chlorure de zinc	1
Chocolat	1
Choucroute	4
Choux	3
Choux, par w. c. de 5,000 kilog. ou payant pour ce poids	4
Chromate de fer	3
Chromate de potasse	3
Chromates non dénommées	1
Cidre	2
Cidre en fûts, sans responsabilité	3
Cigares	1
Ciment	3
Cinabre	1
Cirage	3
Cire à cacheter	1
Cire blanche	1
Cire brute	3
Citrates	1
Citrons	1
Citrouilles	3
Clappes	3
Cloches en métal	1
Cloches en métal fêlées ou brisées	3
Cloches en verres pour jardins (*)	1
Cloches en verre p. jardins en harasses, sans respon.	3

(*) Conformément à l'article 10 des Tarifs généraux de petite vitesse, les marchandises suivies d'un astérisque sont taxées moitié en sus du prix fixé par le tarif, lorsqu'elles ne pèsent pas 200 kilogrammes sous le volume d'un mètre cube. Cette augmentation n'est point applicable aux frais accessoires.

MARCHANDISES.	SÉRIE.
Clous en cuivre	2
Clous en fer	3
Clous en zinc	3
Clouterie en fer (clous à vis et à pointes)	3
Coaltar liquide	2
Coaltar solide	4
Cobalt en pierre	3
Cobalt en poudre	1
Cochenille	1
Cocons	1
Cocons percés ou bassinés	3
Cocos bruts	2
Cocos ouvrés	1
Coffres-forts	2
Coins en bois	3
Coins en fer	3
Colle de peau	3
Colle de peau en fûts, sans responsabilité	4
Colle de poisson	1
Colle forte	2
Colle forte en fûts, sans responsabilité	3
Colonnes en fonte, dont la longueur n'excède pas 6 m. 50	3
Colophane	3
Compteurs à gaz	1
Concombres	2
Confiserie	1
Confitures	1
Confitures en fûts, sans responsabilité	3
Conserves de poissons	2
Conserves de viandes	2
Conserves de viandes en fûts ou en caisses	3
Conserves alimentaires non dénommées	2
Copahu	1
Copal	1
Coques de cacao	3
Coquillages frais	1
Coquillages ouvrés	1
Coquillages secs	1
Corail	1
Cordages	3
Cordes	3
Cordes d'instruments	1
Coriandre	1
Corinthes	2
Cornes non ouvrées	2
Cornes ouvrées	1
Cornes non ouvrées emballées	3
Cornes non ouvrées, par w. c. de 5,000 kilog. ou payant pour ce poids	4
Cornichons conservés	1
Cornichons frais	1
Cornichons frais en barils ou en caisses, sans responsabilité	2
Cornières en fer	3
Cornues en fer	3
Cornues en terre cuite	1
Cornues en terre cuite, en harasses ou paniers	3
Cornues en terre cuite, non emballées, sans responsabilité	2
Cornues en verre (*)	1
Cornus en verre, en harasses, sans responsabilité	3
Corosos	3
Coton brut	3
Coton cardé	2
Coton filé pour tissage	1
Coton filé pour tissage en balles, caisses, harasses ou paniers, sans responsabilité	2
Cotonnades	1
Cotrets	3
Couffes vides	3
Couleurs communes	1
Couleurs fines	1
Couleurs en barils, sans responsabilité	2
Couperose	4
Coussinets en fonte pour rails	3
Coutellerie	1
Coutils	1
Couvertures de coton et de laine	1
Craie	3
Crayons	1
Crème de tartre	3
Crémone	3
Crépins	3
Creusets	1
Creusets en caisses, harasses ou paniers	3
Creusets non emballés, sans responsabilité	2
Crics	3
Crin brut	3
Crin ouvré	1
Crin végétal brut	3
Crin végétal ouvré	2
Crin en torsades	3
Cristaux	1
Cristaux de soude	4
Cruchons vides	1
Cruchons vides en harasses ou en paniers	3
Cruchons vides non emballés, sans responsabilité	2
Cubèbe	1
Cuirs corroyés	2
Cuirs de tenture	1
Cuirs ouvrés	1
Cuirs secs en poils	3
Cuirs tannés	3
Cuirs vernis, maroquinés ou teints	1
Cuirs verts salés ou non	2
Cuirs verts, salés ou non, par w. c. de 5,000 kilog. ou payant pour ce poids	3
Cuirs en croûtes	3
Cuirs parés à la lunette	3
Cuivre de doublage	3
Cuivre en barres	3
Cuivre en feuilles	3
Cuivre en plaques	3
Cuivre en saumons	3
Cuivre ouvré	2
Cumin	1
Curcuma en poudre	1
Curcuma en racines	3
Cuviers	3
Cyanures	1
Cylindres en verre (*)	1
Cylindres en verre, en caisses, en harasses ou paniers	2
Cylindres en verre non emballés, sans responsabilité	3
D	
Daguerréotypes	1
Dalles en granit	3
Dalles de pierre	3
Dames-jeannes (*)	1
Dames-jeannes en caisses ou en harasses, sans responsabilité pour la casse de route (*)	3
Dames-jeannes en vrac, par w. c. de 5,000 kilog. ou payant pour ce poids, sans responsabilité; emballage, déballage, chargement et déchargement, par les soins et aux frais, risques et périls des expéditeurs ou des destinataires	3
Dattes	1
Déchets d'aloès	2
Déchets de boucherie	3
Déchets de corne ou d'os	3
Déchets de coton	3
Déchets de coton filé fin (dits bouts de canettes)	4
Déchets de cuir	3
Déchets d'étoupes	3
Déchets de fil de laine, de fil de lin ou de fil de coton	3
Déchets de frisons	3
Déchets de laine	3
Déchets de lin	3
Déchets de papier ou de carton	4
Déchets de peaux	3
Déchets de peaux de lapin	3
Déchets de porcelaine	3
Déchets de poterie	3
Déchets de soie	3
Déchets de sparte	3
Déchets de tannerie	3
Déchets non dénommés	3
Dégras	3
Denrées coloniales non dénommées	1
Dentelles (voir le Tarif exceptionnel fixé par l'art. 8 des Tarifs généraux de petite vitesse)	»
Dents d'éléphant	1
Dextrine	3
Disse et autres plantes pour papier	3
Dividivi	4
Douelles	3
Douves	3
Dragées	1
Draperie	1
Drilles	4
Drogueries non dénommées	1
Drogues	1
Duvets (*)	1
E	
Eau ammoniacale	1
Eau de Cologne	1
Eau de fleurs d'oranger	1
Eau de Javelle	2
Eau de Javelle en barils ou en touries, sans responsabilité	4
Eau de mer	4
Eau de rose	1
Eau-de-vie	2
Eau-de-vie en fûts	3
Eau distillée	1

(*) Conformément à l'article 10 des Tarifs généraux de petite vitesse, les marchandises suivies d'un astérisque sont taxées moitié en sus du [illegible] fixé par le Tarif, lorsqu'elles ne pèsent pas 200 kilogrammes sous le volume d'un mètre cube. Cette augmentation n'est point applicable aux frais accessoires.

MARCHANDISES.	SÉRIE.
Eau douce	3
Eaux minérales	3
Eaux minérales en caisses ou en paniers, sans responsabilité	4
Ecaille	1
Echalas	3
Eclisses pour rails	3
Ecorces à brûler	3
Ecorces à tan	3
Ecorces de citrons	1
Ecorces d'oranges	1
Ecorces de quercitron	4
Ecorces de quillai ou de panama	3
Ecorces de quinquina	1
Ecorces non dénommées	1
Ecorces en sacs par w. c. de 4,000 kilog. ou payant pour ce poids	4
Ecrans	1
Effets à usage	1
Elastiques (ressorts pour meubles)	2
Ellébore	1
Email	1
Email concassé	2
Emeri brut	3
Émeri en poudre	3
Encens	1
Enchapes	3
Enclumes	3
Encre	2
Encre en fûts	3
Épiceries non dénommées	1
Épingles	1
Éponges (*)	1
Équipements militaires	1
Ergots	2
Escargots	1
Essence de térébenthine	1
Essence de térébenthine en caisses	2
Essence de térébenthine en fûts	3
Essences (huiles essentielles)	1
Essieux montés	3
Essieux non montés	3
Estampes	1
Étain non ouvré	3
Étain ouvré	2
Étaux	3
Éther (voir le tarif exceptionnel fixé par l'art. 11 des tarifs généraux de petite vitesse)	»
Étoffes de coton, de laine, de lin ou de soie	1
Étoupes	2
Étoupes emballées	3
Étrilles	2
Étrilles emballées	2
Euphorbe	1
Éventails	1
Extr. de chataignier liquide	2
Extr. de chataignier liquide en fûts sans responsabilité	3
Extraits tinctoriaux	2
Extraits tinctoriaux en fûts	3
F	
Fagots	3
Faïence	1
Faïence commune emballée	3
Faïence fine emballée	2
Faïence commune en vrac par w. c. de 5,000 kilog. ou payant pour ce poids, sans responsabilité; chargement et déchargement par les soins et aux frais, risques et périls des expéditeurs ou des destinataires	3
Faines	3
Faissonnats (bois à brûler)	3
Fanons de baleine	2
Farine de lin	3
Farine de moutarde	3
Faucilles	3
Faussets	1
Faux	3
Fèces (résidus d'épuration d'huile)	3
Fécules exotiques non dénommées	1
Fécules indigènes	4
Fer battu (Objets en)	2
Fer-blanc en feuilles	2
Ferblanterie	1
Ferblanterie en caisses ou en paniers	2
Fer d'ornement	2
Fer en barres	3
Fer en pièces forgées	3
Fer feuillard	2
Fer ouvré	2
Fers pour planchers	3
Ferraille	3
Fer riblon	3
Ferronnerie	2
Feuilles de mûrier	2
Feuilles d'oranger	1
Feuilles et tiges de latanier	3
Feuilles et tiges de palmier	3
Feuilles non dénommées	1
Feutre	1
Feutre grossier en bourre de veau	3
Fèves fraîches	3
Ficelle	3
Figues fraîches	1
Figues sèches	2
Filasse	2
Filasse emballée	3
Filets de chasse ou de pêche	1
Filin	3
Fil d'acier	3
Fils de chanvre, de coton, de laine ou de lin pour broder ou pour coudre	1
Fils de chanvre, d'étoupe et de lin simples, écrus, pour tissage	1
Fils de chanvre, d'étoupe et de lin simples, écrus, pour tissage, emballés	2
Fils de chanvre, de laine et de lin pour tissage	1
Fils de coton pour tissage	1
Fils de coton pour tissage, en caisses, harasses ou paniers, sans responsabilité	2
Fil de cuivre	3
Fil de fer	3
Fils de jute simples, écrus, pour tissage	2
Fils de jute simples, écrus, pour tissage, emballés	3
Fil de laiton	3
Fils de soie	1
Fils métalliques, non dénommés	2
Filtres en grès	2
Filtres en grès emballés, sans responsabilité	3
Flanelles	1
Flegmes	3
Fleur de soufre	3
Fleurs artificielles (*)	1
Fleurs médicinales	1
Fleurs sèches	1
Fleurs vivantes (*)	1
Foies de canard ou d'oie	1
Foin (*)	2
Fontaines	1
Fontes brutes	3
Fontes d'ornement	2
Fonte émaillée (Objets en)	2
Fontes moulées	2
Formes à sucre en terre cuite	1
Formes à sucre en terre cuite, en caisses, harasses ou paniers	3
Formes à sucre en terre cuite, en vrac, sans responsabilité	2
Formes à sucre en tôle	2
Formes de souliers en bois	3
Foudres démontés	3
Foudres vides (*)	1
Fourneaux économiques	2
Fournitures de bureaux	1
Fourrages secs (*)	2
Fourrages verts (*)	3
Fourrures	1
Friperie	1
Frises en chêne ou en sapin	3
Frisons de soie	3
Fromages de Brie	2
Fromages frais	1
Fromages secs	3
Fruits au jus	1
Fruits confits	1
Fruits frais non dénommés	1
Fruits pour boisson	1
Fruits pour distillerie	1
Fruits secs non dénommés	2
Fulminates (voir le tarif exceptionnel fixé par l'art. 11 des tarifs généraux de petite vitesse)	»
Fustet	2
Fûts démontés	3
Fûts vides (*)	1
G	
Galbanum	1
Galène	3
Galipot	3
Galoches	3
Gambier	3
Ganterie	1
Garance en poudre	3
Garance en racines	3
Garancine	3
Gaudes	3
Gaudes par w. c. de 5,000 kilog. ou payant pour ce poids	4
Gélatine	1
Gemme (matière résineuse)	3
Générateurs dont la longueur n'excède pas 6m50	3
Genièvre en grains	3
Genièvre (liqueur de)	2
Genièvre en fûts, sans responsabilité	3
Gentiane	3
Gibier	1
Gingembre	1
Girofle	2
Glace (eau congelée)	1
Glaces avec ou sans tain	1
Glands	4

(*) Conformément à l'article 10 des Tarifs généraux de petite vitesse, les marchandises suivies d'un astérisque sont taxées moitié en sus du prix fixé par le Tarif, lorsqu'elles ne pèsent pas 200 kilogrammes sous le volume d'un mètre cube. Cette augmentation n'est point applicable aux frais accessoires.

MARCHANDISES.	SÉRIE.
Glu	1
Glu marine	3
Glucose	4
Gluten	3
Glycérine ou parement Freppel	1
Glycérine ou parement Freppel en touries, sans responsabilité	2
Glycérine ou parement Freppel en fûts, sans responsabilité	3
Gobeleterie en verre	1
Gobeleterie en verre, emballée, sans responsabilité	2
Gomme arabique	2
Gomme copal	1
Gomme laque	1
Gomme résine	2
Goudron liquide	2
Goudron solide	4
Graines potagères	2
Graines tinctoriales	2
Graines non dénommées	2
Graisse	3
Granit	3
Graphite	3
Grelots	1
Grenades	1
Grenaille	3
Groisil	3
Gruau	4
Gutta-percha brute	3
Gutta-percha ouvrée	1
H	
Halpha (*)	4
Harengs salés	2
Harengs salés en fûts, sans responsabilité	3
Harengs saurs	3
Haricots frais	3
Herboristerie non dénommée	1
Hermodacte	1
Horlogerie	1
Horlogerie de Morez	3
Horlogerie en bois	3
Houblon	1
Huile d'aspic	1
Huile de coco	3
Huile de graine	1
Huile de graine en fûts	2
Huile de goudron	1
Huile de naphte	1
Huile de noix	3
Huile d'olive	1
Huile d'olive en fûts, sans responsabilité	2
Huile de palme	3
Huile de pétrole	1
Huile de poisson	2
Huile de ricin et autres huiles médicinales	1
Huile de schiste	1
Huile de suif	3
Huiles concrètes	3
Huiles essentielles	1
Huiles non dénommées	1
Huiles non dénommées en fûts, sans responsabilité	2
Huîtres	1
Huîtres marinées	1
Hydromel	2
Hydromel en fûts, sans responsabilité	3
I	
Images et imagerie	1
Immortelles	1
Imprimés	1
Indiennes	1
Indigo	1
Instruments agricoles	3
Instruments de chirurgie	1
Instruments de musique	1
Instruments d'optique, de physique et de précision	1
Ipécacuanha	1
Iris en poudre	1
Iris en racines	1
Isolateurs en porcelaines	1
Isolateurs emballés, sans responsabilité	2
Ivoire	1
J	
Jalap	1
Jambons	3
Jantes en bois	3
Jarres (*)	1
Jarres en caisses, harasses ou paniers (*)	2
Jarres par w. c. de 5,000 kilog. ou payant pour ce poids, sans responsabilité	3
Jaunes de chrôme et de Naples	1
Jones	2
Jouets	1
Jujube	1
Jus de citrons	1
Jus de fruits	1
Jus de fruits en fûts, sans responsabilité	3
Jute	2
Jute emballée	3
K	
Kaolin	3
Kermès	1
Kirsch	2
Kirsch en fûts, sans responsabilité	3
L	
Lacdye	2
Lainages tissés	1
Laine brute ou en suint	3
Laine filée pour tissage	1
Laine lavée	2
Laine peignée ou cardée	2
Lait	1
Lait condensé	3
Lait condensé par w. c. de 5,000 kilog. ou en payant pour ce poids	4
Laiton en barres	3
Laiton en feuilles	3
Laiton en fils	3
Laiton en saumons	3
Lames de scie	1
Lampisterie	1
Langues de bœuf fumées	2
Laque	1
Lard fumé ou salé	3
Lattes	3
Laudanum	1
Laurier en bottes	1
Légumes comprimés	2
Légumes desséchés	2
Légumes en conserves	2
Légumes farineux non dénommés	4
Légumes frais non dénom.	3
Légumes frais par w. c. de 5,000 kilog. ou payant pour ce poids	4
Leviers	3
Levure fraiche	1
Levure sèche	2
Librairie	1
Lichen	1
Lie de vin	3
Lie de bière	3
Lie de bière en fûts, sans responsabilité	4
Liége brut	2
Liége ouvré	1
Liens en bois	3
Limaille	3
Limes brutes	3
Limes préparées	2
Limonades gazeuses	3
Limonades gazeuses en caisses ou en paniers, sans responsabilité	4
Limousines	1
Lin brut ou teillé	3
Lin en tiges	3
Lin filé pour tissage	1
Lin filé simple écru pour tissage	1
Lin filé simple écru pour tissage, emballé	2
Lin peigné ou cardé	2
Lingerie	1
Liqueurs en paniers ou en caisses	2
Liqueurs non dénommées	2
Liqueurs non dénommées en fûts, sans responsab.	3
Lisières de drap	3
Literie (*)	1
Litharge	3
Lits en fer décorés (*)	1
Lits en fer non décorés (*)	2
Locomobiles (*)	2
Locomobiles, sans responsabilité	3
Louchets	3
Luciline	1
Lupin (pois)	2
Lupin (pois) secs	4
M	
Macaroni	3
Machines	1
Machines non emballées, sans responsabilité	2
Machines emballées	3
Machines à battre (*)	3
Madriers dont la longueur n'excède pas 6m 50	3
Magnésie	1
Malachite brute	3
Malachite ouvrée	1
Manches en bois	4
Manches de fouets dits PERPIGNANS	1
Manganèse	4
Manne	1

(*) Conformément à l'article 10 des Tarifs généraux de petite vitesse, les marchandises suivies d'un astérisque sont taxées moitié en sus du prix fixé par le Tarif, lorsqu'elles ne pèsent pas 200 kilogrammes sous le volume d'un mètre cube. Cette augmentation n'est point applicable aux frais accessoires.

MARCHANDISES.	SÉRIE.
Marbres artificiels	1
Marbres en blocs bruts	3
Marbres en tranches isolées	2
Marbres en tranches isolées sans responsabilité	3
Marbres en tranches scellées ensemble avec plâtre ou ciment	2
Marbres en tranches scellées ensemble avec plâtre ou ciment, sans responsabilité	3
Marbres ouvrés ou polis	1
Marc d'olives	3
Marc de pommes	3
Marc de raisins	3
Marègues	1
Maroquins	1
Marrons	3
Masses indivisibles pesant plus de 3,000 kilog. (voir le tarif exceptionnel fixé par l'art. 12 des Tarifs généraux de pet. vitesse)	»
Massiaux	3
Mastic	3
Matières bitumineuses solides	3
Mâts dont la longueur n'excède pas 6m 50	3
Mécaniques	1
Mécaniques non emballées, sans responsabilité	2
Mécaniques emballées	3
Mèches de coton	1
Mèches de mineurs	1
Médicaments non dénommés	1
Mélasse	3
Melons	1
Mercerie	1
Mercure	1
Mérinos	1
Merrains	3
Métaux bruts non dénommés	3
Métaux ouvrés non dénom.	2
Méthylène	3
Meubles	1
Meubles par w. c. de 4,000 kilog. ou payant pour ce poids, sans responsabilité chargement et déchargement par les soins et aux frais, risques et périls des expéditeurs ou des destinataires	3
Meules à aiguiser ou à émoudre	2
Meules à aiguiser ou à émoudre, sans responsab.	3
Meules à moudre	3
Meules à moudre par wagon chargé d'au moins 5,000 kilog. ou payant pour ce poids, chargement et déchargement par les soins et aux frais, risques et périls des expéditeurs ou des destinataires	4
Meulières	3
Mica en feuilles	2
Mica en poudre	2
Miel blanc	1
Miel roux	1
Miel roux, par wagon chargé de 5000 kil. ou en payant pour ce poids	3
Mine de plomb	3
Mine orange	2
Minerais de plomb	3
Minerais non dénommés	3
Minium	3
Miroirs	1
Mitraille de cuivre	3
Mitraille de fer ou de fonte	3
Moellons	3
Moleskine	1
Moleskine vernie	1
Molletons	1
Monnaie de billon	1
Morfil	1
Morue salée ou verte	3
Morue sèche	3
Mottes à brûler	3
Mouches à miel	1
Moules (coquillages)	1
Moules et modèles	1
Mousse	1
Moutarde préparée	1
Moutarde préparée en fûts ou en pots, emballés	2
Moyeux en bois	3
Moyeux en fonte	3
Muriate de potasse	3
Muriate de soude	3
Musc	1
Muscades	1
Myrobolans	3
Myrrhe	1
N	
Nacre brute	3
Nacre ouvrée	1
Naphte solide	4
Natron	4
Nattes	1
Navets	3
Navets par w. c. de 5,000 kilog ou payant pour ce poids	4
Nerfs de bœuf	2
Nerprun (graine de)	2
Nitrate de potasse	4
Nitrate de soude	4
Noir animal	3
Noir animal par w. c. de 5,000 kilog. ou payant pour ce poids	4
Noir de fumée	1
Noir d'ivoire	1
Noir d'os	3
Noir d'os par w. c. de 5,000 kilog. ou payant pour ce poids	4
Noir léger	1
Noir minéral	4
Noir végétal	3
Noisettes fraiches	1
Noisettes sèches	2
Noisettes sèches en sacs	3
Noix de coco	2
Noix fraiches	1
Noix sèches	2
Noix sèches en sacs	4
Noix de galle	3
Noix vomique	1
Noyaux concassés	3
Noyaux non concassés	3
O	
Objets dangereux pour lesquels des règlements de police prescriraient des précautions spéciales. (Voir le Tarif exceptionnel fixé par l'article 11 des Tarifs généraux de petite vitesse)	»
Objets d'art (statues, tableaux, bronzes d'art). (Voir le Tarif exceptionnel fixé par l'article 8 des Tarifs généraux de petite vitesse)	»
Objets dont les dimensions excèdent celles du matériel. (Voir l'article 12 des Tarifs généraux de petite vitesse)	»
Objets ne pesant pas 200 kilog. sous le volume d'un mètre cube. (Voir le Tarif exceptionnel fixé par l'article 10 des Tarifs généraux de petite vitesse)	»
Objets de collection	1
Objets manufacturés non dénommés (*)	1
Ocre	3
Ocre par w. c. de 5,000 kilog ou payant pour ce poids, sans responsabilité	4
Œufs	1
Oignons brûlés	3
Oignons de fleurs	1
Oignons frais	1
Oignons secs	3
Oignons par w. c. de 5,000 kilog. ou payant pour ce poids	4
Oléine	3
Olives conservées	1
Olives fraiches	1
Olives en barils	3
Olives en caisses	2
Ombrelles	1
Onglons de bétail	2
Onglons de tortue	2
Onglons par w. c. de 5,000 kilog. ou payant pour ce poids	4
Opium	1
Oranges	1
Orangettes	1
Orcanette	3
Orge perlé	3
Orgues	1
Ornements en fer	2
Ornements en fonte	2
Orpiment	3
Orseille	3
Os bruts	3
Os bruts en sacs	4
Os concassés	3
Os concassés en sacs	4
Os de sèche	1
Os en poudre	3
Os en poudre par w. c. de 5,000 kilog. ou payant pour ce poids, sans responsabilité	4
Os ouvrés	1
Osiers	3
Ouate (*)	1
Outils non dénommés	2
P	
Paillassons	3
Paille commune tressée	1
Paille fine tressée ou non tressée	1
Paille de maïs (*)	2
Paille de maïs par w. c. de 4,000 kilog. ou payant pour ce poids	4

(*) Conformément à l'article 10 des Tarifs généraux de petite vitesse, les marchandises suivies d'un astérisque sont taxées moitié en sus du prix fixé par le Tarif, lorsqu'elles ne pèsent pas 200 kilogrammes sous le volume d'un mètre cube. Cette augmentation n'est point applicable aux frais accessoires.

MARCHANDISES.	SÉRIE.
Pailles non dénommées (*).	2
Pain	4
Pain d'épices	2
Palmier nain en fibres	3
Paniers démontés	3
Paniers vides (*)	1
Panneaux en faïence	1
Panneaux en faïence en cadres, sans responsabilité	2
Papeterie	1
Papier à écrire ou à imprimer	1
Papier à écrire ou à imprimer, emballé, sans responsabilité	2
Papier d'emballage ou à sucre	2
Papier d'emballage ou à sucre emballé, sans responsabilité	3
Papier de verre	2
Papiers peints	1
Papiers peints emballés, sans responsabilité	2
Papiers non dénommés	1
Papiers vernis	1
Papiers vernis emballés, sans responsabilité	2
Parapluies	1
Parchemin	1
Parfumerie	1
Passementerie	1
Pastèques	1
Pâtes alimentaires et potagères non dénommées	3
Pâte d'Italie	3
Pâtes tinctoriales	2
Pâtes à papier	4
Pâtisserie	1
Peausserie	1
Peaux de chèvres ou de chevreaux brutes	2
Peaux de chèvres ou de chevreaux ouvrées ou préparées	1
Peaux de lapins brutes	3
Peaux de lapins ouvrées ou préparées	1
Peaux de moutons en laine brutes	3
Peaux de moutons en laine ouvrées ou préparées	1
Peaux brutes non dénommées	2
Peaux brutes par w. c. de 5,000 kilog. ou payant pour ce poids	3
Peaux corroyées	2
Peaux ouvrées	1
Peaux parées à la lunette	3
Peaux tannées	3
Peignes	1
Pelles montées	2
Pelles non montées	3
Pelleteries	1
Pelures de cacao	3
Pendules	1
Perches dont la longueur n'excède pas 6 m. 50	3
Perlasse	4
Perles en verre	2
Phormium brut	2
Phormium brut emballé	3
Phormium filé	2
Phormium filé emballé	3
Phosphate de chaux	3
Phosphate de potasse	2
Phosphate de soude	2
Phosphore (voir le tarif exceptionnel fixé par l'article 11 des Tarifs généraux de petite vitesse)	»
Pianos (*)	1
Pièces d'armes brutes	3
Pièces de forge brutes ou ouvrées	3
Pièces en argile réfractaire pour appareils métallurgiques	3
Pièces en fer, fonte ou tôle ajustées pour ponts et dont la longueur n'excède pas 6 m. 50	3
Pièces de ponts à bascules démontés	3
Pièces non dénommées de machines et de mécaniques démontées	1
Pièces non dénommées de machines et de mécaniques démontées, non emballées, sans responsabilité	2
Pièces non dénommées, de machines et de mécaniques non démontées, emballées, sans responsabilité	3
Pierres à aiguiser brutes	3
Pierres à aiguiser préparées	2
Pierres à aiguiser, préparées, sans responsabilité	3
Pierres à faulx brutes	3
Pierres à faulx taillées	3
Pierres à feu brutes	3
Pierres à feu taillées	2
Pierres artificielles en ciment	3
Pierres de taille brutes ou légèrement ébauchées	3
Pierres de taille façonnées	3
Pierres lithographiques br.	3
Pierres lithographiques préparées	1
Pierres lithographiques préparées, emballées, sans responsabilité	3
Pierres lithographiques polies en carrière	2
Pierre ponce	2
Pierre ou terre de Salinelle	3
Piles électriques	1
Piment	3
Pipes en terre cuite	3
Pipes (fûts) démontées	3
Pipes (fûts) vides (*)	1
Pistaches	1
Planches d'impression	1
Planches dont la longueur n'excède pas 6 m. 50	3
Planches en lames ou en frises pour parquets	3
Plantes médicinales non dénommées	1
Plantes potagères non dénommées	1
Plantes tinctoriales non dénommées	1
Plantes vivantes (*)	1
Plantes vivantes par w. c. de 4,000 kilog. ou payant pour ce poids	3
Plaqué d'or ou d'argent. (Voir le Tarif exceptionnel fixé par l'article 8 des Tarifs généraux de petite vitesse)	»
Plaques de blindage	3
Plaques foyères en fonte	2
Plaques tournantes	2
Plates formes d'affûts en fer ou en fonte	2
Plateaux en bois	3
Plâtre	3
Plâtre pour moulage	3
Plombagine	3
Plomb de chasse	2
Plomb en feuilles ou en tuyaux	2
Plomb en saumons	3
Plomb en tables	3
Plomb ouvré	2
Plumeaux	1
Plumes ( )	1
Plumes métalliques	1
Plumes pour parure (*)	1
Poêlerie en faïence	1
Poêlerie en faïence, non emballée, sans responsabilité	2
Poêlerie en faïence en caisses, harasses ou paniers, sans responsabilité	3
Poêlerie en fonte	2
Poêlerie en fonte, en caisses, harasses ou paniers, sans responsabilité	3
Poêlerie en fonte et tôle	2
Poêlerie en fonte et tôle, emballée, sans responsabilité	3
Poêlerie en tôle	1
Poêlerie en tôle, emballée, sans responsabilité	3
Poids à peser en cuivre	1
Poids à peser en fonte	3
Poids d'horloge en fonte	3
Poils de chameau	2
Poils de chèvre	2
Poils de lapin	4
Poils de vache	3
Poils d'animaux non dénommés	2
Pointes	3
Poiré	2
Poiré en fûts, sans responsabilité	3
Poireaux	1
Poires à la pelle	1
Poires à la pelle par w. c. de 5,000 kilog. ou payant pour ce poids, sans responsabilité ; chargement et déchargement par les soins et aux frais, risques et périls des expéditeurs et des destinataires	3
Poires fraîches	1
Poires sèches	2
Poires à poiré	1
Poires à poiré par w. c. de 5,000 kilog. ou payant pour ce poids sans responsabilité ; chargement et déchargement par les soins et aux frais, risques et périls des expéditeurs et des destinataires	3
Pois frais	1
Poissons en boîtes	1
Poissons frais	1
Poissons fumés ou séchés, non dénommés	3
Poissons salés non dénommés	3
Poivre	3
Poix	3
Pommes à cidre	1
Pommes à cidre, par w. c. de 5,000 kilog. ou payant pour ce poids, sans responsabilité ; chargement et déchargement par les soins et aux frais, risques et périls des expéditeurs et des destinataires	3
Pommes à la pelle	1

(*) Conformément à l'article 10 des Tarif généraux de petite vitesse, les marchandises suivies d'un astérisque sont taxées moitié en sus du prix fixé par le Tarif, lorsqu'elles ne pèsent pas 200 kilogrammes sous le volume d'un mètre cube. Cette augmentation n'est point applicable aux frais accessoires.

MARCHANDISES.	SÉRIE.
Pommes à la pelle, par w. c. de 5,000 kilog. ou payant pour ce poids, sans responsabilité, chargement et déchargement par les soins et aux frais, risques et périls des expéditeurs et des destinataires	3
Pommes de pin	3
Pommes de terre	2
Pommes fraîches	1
Pommes sèches	2
Poncires à l'eau de mer	1
Porcelaine	1
Porcelaine en caisses, cadres ou harasses, sans responsabilité	2
Porte-bouteilles en fer (*)	1
Porte-bouteilles en fer démontés ou pliés	2
Potasse	4
Poteaux dont la longueur n'excède pas 6 m. 30	3
Poterie commune	2
Poterie commune en caisses, cadres ou harasses, sans responsabilité	3
Poterie commune en vrac. par w. c. de 5,000 kilog. ou payant pour ce poids, sans responsabilité; chargement et déchargement par les soins et aux frais, risques et périls des expéditeurs et des destinataires	3
Poterie en fonte	2
Poterie d'étain	1
Poterie fine	1
Poterie fine en caisses, cadres ou harasses, sans responsabilité	2
Poterie non vernie en terre cuite	2
Poterie non vernie en terre cuite, en caisses, cadres ou harasses, sans responsabilité	3
Poudre à feu (voir le tarif exceptionnel fixé par l'art. 11 des tarifs généraux de petite vitesse)	"
Poussier de charbon	3
Poutres et poutrelles dont la longueur n'excède pas $6^{m}50$	3
Poutres en fer, fonte ou tôle pour ponts, dont la longueur n'excède pas $6^{m}50$	3
Pouzzolane	3
Préparations chimiques	1
Préparations pharmaceutiques	1

MARCHANDISES.	SÉRIE.
Presses à copier	1
Presses lithographiques	1
Présure	1
Produits chimiques non dénommés	1
Produits de carrières non dénommés	3
Projectiles en fer et en fonte	3
Pruneaux	2
Prunes fraîches	1
Prunes sèches	2
Prussiate de potasse	3
Pulpes de betteraves	4
Pulpes de pommes de terre	4
Pyrites	4
Pyrolignite d'alumine	4
Pyrolignite de chaux	4
Pyrolignite de fer	4
Pyrolignite de plomb	3
Pyrolignites non dénommés	3

Q

MARCHANDISES.	SÉRIE.
Quercitron	3
Quincaillerie (fine)	1
Quincaillerie (grosse)	2
Quinquina	1

R

MARCHANDISES.	SÉRIE.
Racines à brûler	3
Racines de chicorée	3
Racines d'épine-vinette	3
Racines d'épine-vinette par w. c. de 4,000 kilog. ou payant pour ce poids, sans responsabilité	4
Racines de guimauve	3
Racines de réglisse	3
Racines non dénommées	1
Rails	3
Raisiné	2
Raisiné en caisses, paniers ou tonneaux, sans responsabilité	3
Raisins frais	1
Raisins secs	2
Raisins secs pour boisson	2
Raisins secs pour distillerie	2
Redoul	2
Réglisse noire	2
Regrets d'orfèvre	3
Résidus de betteraves	4
Résidus de boucherie	4

MARCHANDISES.	SÉRIE.
Résidus de fécule de pommes de terre	4
Résidus de métaux	3
Résine	3
Ressorts de voitures, de wagons ou de locomotives	3
Ressorts pour tampons de wagons	3
Rhubarbe	1
Rhum	2
Rhum en fûts, sans responsabilité	3
Rivets	3
Rocou	2
Rognures de carton et de papier	4
Rognures de cuir	3
Rognures de cuivre et autres métaux	3
Rondins	3
Roseaux	2
Rotins	2
Rouennerie	1
Roues de wagons montées	3
Roues de wagons non montées	3
Rouleaux d'impression	1
Rubannerie de coton, de fil ou de soie	1
Ruches d'abeilles	1

S

MARCHANDISES.	SÉRIE.
Sabots de bétail	3
Sabots de voitures en fonte	3
Sabots pour chaussures	4
Sabots pour pilotis	3
Sacs vides	3
Safran	1
Safranum	1
Sagou	3
Saindoux	3
Salaisons non dénommées	1
Salaisons non dénommées, en barils	2
Salep	2
Salin	4
Salpêtre	4
Salsepareille	1
Sandaraque	1
Sang desséché	3
Sang liquide	3
Sangsues	1
Sardines à l'huile	1
Sardines salées	2

MARCHANDISES.	SÉRIE.
Sarments	3
Sarraux	1
Saucissons	2
Saumure	3
Savon commun en briques	3
Savon de Marseille	3
Savon de toilette	1
Savon mou	2
Savon mou en barils	3
Scammonée	1
Schiste bitumineux liquide	1
Schiste bitumineux solide	3
Scies	1
Scilles	1
Sciures de bois	3
Sébeste	1
Sel ammoniac	3
Sel d'étain	3
Sel d'oseille	2
Sel de plomb	3
Sel de potasse	4
Sel de Saturne	3
Sel de soude	4
Sel de zinc	3
Sel gemme	4
Sel hydraté des eaux mères des salines	4
Sel marin	4
Sellerie (*)	1
Semoule	3
Séné	1
Serpentaire de Virginie	1
Serrurerie non dénommée	2
Silicate de potasse	4
Silicate de soude	4
Simarouba	1
Sirop de fécule	3
Sirop de fécule, sans responsabilité	4
Sirops non dénommés	1
Smalt brut	2
Smalt en poudre	2
Socs de charrue	3
Soie brute	1
Soie manufacturée	1
Soies de porc	3
Soieries	1
Solives dont la longueur n'excède pas $6^{m}50$	3
Sommiers élastiques	1
Sonnettes	1
Sorgho (tiges de)	4
Souches à brûler	3
Soude brute	4
Soude liquide	4
Soude raffinée	3

(*) Conformément à l'article 10 des Tarifs généraux de petite vitesse, les marchandises suivies d'un astérisque sont taxées moitié en sus du prix fixé par le Tarif, lorsqu'elles ne pèsent pas 200 kilogrammes sous le volume d'un mètre cube. Cette augmentation n'est point ap[illegible] aux frais accessoires.

MARCHANDISES.	SÉRIE.
Soudure de cuivre	3
Soufre brut	4
Soufre raffiné	3
Soufre sublimé	3
Sparte brut (*)	3
Sparterie	2
Spath-fluor	3
Spermaceti	1
Spiritueux non dénommés	1
Spiritueux non dénommés en fûts, sans responsabilité	3
Stannate de soude	4
Stéarine	4
Storax	1
Suc de châtaignier	1
Suc de réglisse	2
Sucre brut	3
Sucre candi	1
Sucre en pains	1
Sucre pilé	1
Sucre raffiné	1
Suif brut	2
Suif brut en caisses ou barriques, sans responsabilité	4
Suif épuré	1
Sulfate d'alumine	4
Sulfate d'ammoniaque	4
Sulfate de baryte	4
Sulfate de cuivre	4
Sulfate de fer	4
Sulfate de magnésie	1
Sulfate de plomb	4
Sulfate de potasse	4
Sulfate de quinine	1
Sulfate de soude	4
Sulfate de zinc	4
Sulfates non dénommés	3
Sumac	3
T	
Tabac en feuilles	3
Tabac manufacturé	1
Tabletterie	1
Tafia	2
Tafia en fûts, sans responsabilité	3
Taillanderie	3
Talc brut	3
Talc en feuilles	2
Talc en poudre	2
Tamarin	3
Tamis	1
Tampons pour wagons	3
Tan	4
Tanin	3
Tapioca	3
Tapis	1
Tapisserie	1
Tartans	1
Tartre brut	4
Tartre raffiné	3
Térébenthine	2
Térébenthine en fûts, sans responsabilité	3
Terre à pipes	3
Terre à poterie	3
Terre d'ombre	3
Terre de Sienne	3
Terre réfractaire	3
Terre verte	2
Terres non dénommées	3
Terrines	1
Thé	1
Thibaude	3
Thon mariné	1
Tire-fonds pour rails	3
Tissus non dénommés	1
Toiles à bâches et à voiles	3
Toiles à sacs	3
Toiles cirées	1
Toiles de chanvre ou de lin blanchies	1
Toiles de chanvre ou de lin écrues	1
Toiles de coton blanchies	2
Toiles de coton blanchies, emballées, sans responsabilité	3
Toiles de coton écrues	2
Toiles de coton écrues, emballées, sans responsabilité	3
Toile d'emballage	3
Toile en treillis	1
Toiles imprimées	1
Toiles métalliques	2
Toiles peintes	1
Toiles non dénommées	1
Tôle d'acier non ouvrée	2
Tôle de fer non ouvrée	2
Tôle galvanisée	2
Tôles ouvrées	2
Tonettes	2
Tonneaux démontés	3
Tonneaux vides (*)	1
Tontisses	3
Torches	3
Tortues	1
Touries vides	1
Touries vides par wagon d'au moins 5,000 kilog. ou payant pour ce poids, sans responsabilité; chargement et déchargement par les soins et aux frais, risques et périls des expéditeurs et des destinataires	3
Tournebroches	2
Tournesol	2
Tournure de fer	3
Tourteaux	3
Tourteaux, par w. c. de 5,000 kilog. ou payant pour ce poids	4
Traverses pour chemins de fer	3
Treillages en bois	3
Treillages en fer	3
Tresses de paille	1
Tripoli brut	3
Tripoli en poudre	2
Trois-six	2
Trois-six en fûts, sans responsabilité	3
Truffes	1
Tubes en cuivre	3
Tubes en fer	3
Tubes en laiton	3
Tuiles	3
Turbith	1
Tuyaux en terre cuite ou en ciment	3
Tuyaux en terre cuite, par w. c. de 5,000 kilog., ou payant pour ce poids, sans responsabilité	4
Tuyaux en bois	2
Tuyaux en cuivre	3
Tuyaux en fer	3
Tuyaux en fonte	3
Tuyaux en plomb	2
Tuyaux en tôle bitumés ou non bitumés	3
Tuyères en fonte	3
U	
Ustensiles de ménage en cuivre, étain, fer-blanc, tôle ou zinc	1
Ustensiles de ménage en fer battu	2
Ustensiles de ménage en fonte	2
Ustensiles de ménage non dénommés	1
Ustensiles de ménage en cuivre, étain, fer-blanc, tôle ou zinc, en caisses, harasses ou paniers	2
V	
Vanille	1
Vannerie (*)	1
Vannerie, par w. c. de 4,000 kilog. ou payant pour ce poids	3
Varech	2
Varech, par w. c. de 5,000 kilog. ou payant pour ce poids	4
Velours	1
Vendanges (raisins)	3
Verdet	3
Vergeoise	3
Verjus	3
Vermicelle	3
Vermillon	1
Vermouth	2
Vermouth en fûts, sans responsabilité	3
Vernis	1
Verres à vitres	1
Verres à vitres en caisses, sans responsabilité	3
Verre cassé	3
Verre pilé	3
Verrerie commune	1
Verrerie commune en caisses, cadres ou harasses, sans responsabilité	3
Verrerie fine	1
Verroterie	1
Vert de gris	3
Vêtements confectionnés	1
Vétiver	1
Viandes fraîches	1
Viandes fumées ou salées non dénommées	2
Viandes fumées ou salées en fûts ou en caisses	3
Vieil acier	3
Vieilles chaussures	3
Vieilles fontes	3
Vieux cordages	4
Vieux cuivre	3
Vieux métaux non dénommés	3

(*) Conformément à l'article 10 des Tarifs généraux de petite vitesse, les marchandises suivies d'un astérisque sont taxées moitié en sus du …xé par le Tarif, lorsqu'ils ne pèsent pas 200 kilogrammes sous le volume d'un mètre cube. Cette augmentation n'est point applicable …rais accessoires

MARCHANDISES.	SÉRIE.	MARCHANDISES.	SÉRIE.	MARCHANDISES.	SÉRIE.	MARCHANDISES.	SÉRIE.
Vieux papiers	4	Volailles vivantes	1	**W**		**Z**	
Vinaigre	2	Volières (*)	1	Wagons à terrassement montés	2	Zinc en feuilles ou en tuyaux	2
Vinaigre en fûts, sans responsabilité	3	Voliges dont la longueur n'excède pas 6 m. 50	3	Wagons à terrassement démontés	3	Zinc en plaques	3
Vins	2			Wagons de mine montés	2	Zinc en saumons	4
Vins en fûts, sans responsabilité	3			Wagons de mine démontés	3	Zinc ouvré	2
Vis à bois	3					Zostère	2
Vitriol bleu	4					Zostère, par w. c. de 5,000 kilog. ou payant pour ce poids	4
Vitriol vert	4						
Volailles mortes	1						

(*) Conformément à l'article 10 des Tarifs généraux de petite vitesse, les marchandises suivies d'un astérisque sont taxées moitié en sus du prix fixé par le Tarif, lorsqu'elles ne pèsent pas 200 kilogrammes sous le volume d'un mètre cube. Cette augmentation n'est point applicable aux frais accessoires.

AVIS IMPORTANT.

Dans la classification qui précède, les mots *sans responsabilité* s'appliquent seulement aux déchets et avaries de route.

Tout chargement inférieur à un wagon chargé de 4,000 ou 5,000 kilogrammes est taxé d après le prix réduit afférent à un wagon chargé de 4,000 ou 5,000 kilogrammes, lorsqu'il y a pour l'expéditeur avantage à payer pour 4,000 ou 5,000 kilogrammes.

Prix de transport

Par 1,000 *kilogrammes de gare en gare, non compris les frais de chargement, de déchargement et de gare.*

	DISTANCE en kilomètres.	1re SÉRIE.	2e SÉRIE.	3e SÉRIE.	4e SÉRIE.
		fr. c.	fr. c.	fr. c.	fr. c.
De **PARIS (La Chapelle)** à **SOISSONS** ou *vice versâ*.	103	14 15	12 35	8 70	6 90

NOTA. — Pour les parcours intermédiaires compris entre Paris (La Chapelle) et Soissons, la taxe ne pourra, dans aucun cas, être supérieure aux prix du présent Tarif.

Prix particuliers.

Applicables aux expéditions d'au moins 5,000 *kilogrammes ou payant pour ce poids.*

PARCOURS.	DÉSIGNATION DES MARCHANDISES.	Prix par tonne frais de chargement, de déchargement et de gare compris.
De **PARIS** (**La Chapelle**) à **SOISSONS**	I. — Épiceries. — Drogueries. — Vins.	9 70
De **SOISSONS** à **PARIS** (**La Chapelle**)	II. — Ferronnerie.	7 90
De **PARIS** (**La Chapelle**) à **SOISSONS**	III. — Mélasses. Produits chimiques et tinctoriaux *dénommés au tarif spécial* P. V. N° 31.	6 50

CONDITIONS.

Le présent Tarif est applicable d'office.

Les conditions d'application sont les mêmes que celles des Tarifs généraux de petite vitesse.

OBSERVATION.

Le présent Tarif spécial ne fait point obstacle :

1° A l'application du Tarif général qui aura lieu d'office toutes les fois qu'il y aura avantage pour les expéditeurs;

2° Ou à celle des Tarifs spéciaux si les expéditeurs en font la demande.

Lille. Imprimerie L. Danel.

www.ingramcontent.com/pod-product-compliance
Ingram Content Group UK Ltd.
Pitfield, Milton Keynes, MK11 3LW, UK
UKHW021112220726
13924UKWH00004B/1668

9 782019 948757